示范性职业教育重点规划教材

电力机车电器检修与维护

DIANLI JICHE DIANQI JIANXIU YU WEIHU

主编⊙王　慧
主审⊙倪　伟

西南交通大学出版社
·成都·

图书在版编目（CIP）数据

电力机车电器检修与维护/王慧主编. —成都：
西南交通大学出版社，2015.1
ISBN 978-7-5643-3388-1

Ⅰ.①电… Ⅱ.①王… Ⅲ.①电力机车–牵引电器–
维修–高等职业教育–教材 Ⅳ.①U264.3

中国版本图书馆 CIP 数据核字（2014）第 205190 号

责任编辑　李晓辉
助理编辑　赵雄亮
装帧设计　何东琳设计工作室

电力机车电器检修与维护
　主编　王慧

出　　版	西南交通大学出版社 （610031　四川省成都市金牛区交大路 146 号）
发行电话	028-87600564　028-87600533
网　　址	http://www.xnjdcbs.com
印　　刷	成都市书林印刷厂
成品尺寸	185 mm × 260 mm
印　　张	8.75
字　　数	214 千
版　　次	2015 年 1 月第 1 版
印　　次	2015 年 1 月第 1 次
书　　号	ISBN 978-7-5643-3388-1
定　　价	22.00 元

课件咨询电话：028-87600533
图书如有印装质量问题　本社负责退换
版权所有　盗版必究　举报电话：028-87600562

贵阳职业技术学院教材编写委员会名单

主　任	杨彦峰	陈贵蜀		
副主任	杨　献	柴忠元	刘路明	秦祖豪
	吴学玲	陈开明	张正保	
委　员	熊光奎	高　军	彭明生	宋　波
	胡　然	代　琼	姜治平	刘裕红
	陈　健	彭再兴	李明龙	陈桂莲
	冯钰雯	倪　伟	凌泽生	杨兴国
	张书凤	王　鑫		

前 言

本书以项目教学为特色，内容循序渐进，融理论知识、实践技能、应用环境为一体，把每一个教学项目的内容构建成相对独立的模块。模块的筛选和组织均以工作过程的典型任务为载体，模拟真实的环境进行教学，围绕某一工作过程，强化专业能力与非专业能力训练。

本书主要有以下特点：

（1）从职业需求分析和岗位专业能力要求出发精选教材内容，按理实一体的原则进行编写。

（2）以典型铁道机车车辆电器检修与维护为主线，选取机车车辆典型电器，按照从易到难、从简单到复杂的原则进行编排，力争符合学生的认知规律。

（3）在职教专家的指导下，教材采用标准化编写方法，在内容安排和组织形式上进行了新的尝试，为实施"做、学、教"一体化的教学奠定基础。

（4）通过企业调研，邀请企业的工程师、高级技师、技师等一线专家参与教材的编写，使教材更贴近生产实际。

本书为贵阳职业技术学院铁道机车车辆专业的项目四，由贵阳职业技术学院王慧担任主编，成都铁路局技师阳宗英编写本书的项目二，贵阳职业技术学院罗闯编写本书的项目一。贵阳职业技术学院常务副院长倪伟对全书进行了审核，在此表示衷心感谢。

本书在编写过程中，得到了上海市教育科学研究院扬黎明教授的全程指导，他对本书的编写提出了许多宝贵意见和建议，在此表示衷心感谢。

由于编者水平有限，书中难免存在不妥之处，敬请读者批评指正。

编 者

2014 年 7 月

目 录

基础理论知识一 电器的发热及冷却/1

基础理论知识二 触头、电弧及电器传动装置/6

项目一 按键开关组的检修与维护/16

项目二 司机控制器的检修与维护/25

项目三 交流接触器的检修与维护/38

项目四 直流继电器的检修与维护/48

项目五 交流继电器的检修与维护/64

项目六 电空接触器的检修与维护/69

项目七 位置转换开关的检修与维护/80

项目八 受电弓的检修与维护/91

项目九 主断路器的检修与维护/105

项目十 高压连接器的检修与维护/123

参考文献/131

基础理论知识一　电器的发热及冷却

牵引电器在运行中会产生各种损耗，这些损耗转变为热能，其中一部分散发到周围介质中，另一部分加热电器的零部件，使其温度升高。

电器的零部件主要由导电材料、导磁材料和绝缘材料等制成。温度升高、发热持续时间过长，会使导电材料的机械强度下降。导电材料的机械强度还与温度升高速度有关。迅速加热、发热时间很短时电器零部件的发热温度极限比缓慢加热、发热持续时间很长时要高得多。因此，通常规定短路故障时电器零部件的发热温度极限比正常负载时要高得多。

触头温度升高会使其表面氧化加剧，产生氧化膜，氧化膜引起接触电阻增加，使工作可靠性降低，甚至使触头熔焊而不能正常工作。特别是铜触头，氧化铜膜导电性能差，接触电阻增大，触头接触处发热加剧，导致进一步氧化，形成恶性循环。银触头虽然温度升高时也形成氧化银膜，但银氧化膜导电性能好，而且容易擦除，但银触头的滑动摩擦力随温度升高而迅速增加。因此，银触头通常采用无滑动摩擦的结构，铜触头则需用滑动摩擦以清除触头表面的氧化铜。

温度过高、发热持续时间过长会使导磁材料的机械强度下降，使导磁性能变坏，特别是当温度超过其居里点时，导磁材料会失去导磁性能。

绝缘材料在温度过高、发热持续时间过长的环境下会迅速老化，缩短使用寿命，甚至使介质损耗增加，发热更厉害，导致其介电强度下降，严重时引起击穿而损坏。

牵引电器各零部件长期正常工作时的温度不应该超过国家标准所规定的温度极限，否则会降低工作可靠性，缩短使用寿命，甚至会烧损而导致严重故障。各零部件的工作温度也不应过低，因为温度过低说明没有充分利用，导致电器体积大、耗材多、成本高。

一、电器的发热

电器在工作过程中，电流通过导体会产生电阻损耗，铁磁体在交变磁场作用下会产生磁滞和涡流损耗，绝缘体在交变电场作用下会产生介质损耗，触头通断一定电流和电压的电路时产生高温电弧（电弧电阻损耗），电磁离合器工作时产生摩擦损耗，各种缓冲和制动装置产生能耗，等等。上述损耗变换为热能使电器发热。常见的损耗是电阻损耗、磁滞和涡流损耗，对高压电器还应考虑介质损耗。

（一）直流电流通过导体的电阻损耗

根据楞次-焦耳定律，直流电流通过导体的电阻损耗为：

$$W = \int_0^t I^2 R \mathrm{d}t \quad (\mathrm{J})$$

式中　I——通过导体的直流电流（A）；

　　　R——导体电阻（Ω）；

　　　t——通电时间（s）。

通常导体电阻随温度的升高而增加，即

$$R = R_0(1 + \alpha\theta + \beta\theta^2 + \cdots)$$

式中　R_0——在 0 ℃ 时的导体电阻（Ω）；

　　　A、β——电阻温度系数。

（二）交流电流通过导体的电阻损耗

交流电流通过导体建立交变磁通，导体中心部分交链的磁通较其表面部分多，交变磁通感应电势和电流用以阻止原电流流通，因而使导体中心部分电流密度减小，导体表面部分电流密度增大，产生所谓的集（趋）肤效应。

当两导体平行且靠得很近时，导体中的交流电流建立的交变磁通彼此耦合，使导体截面中电流分布不均匀，产生所谓的邻近效应。

1. 集肤效应

影响导体电流分布不均而产生集肤效应的因素有电流频率、导体几何形状、导体的电导率与磁导率等。

交流电流通过导体时，单位长度的电阻损耗功率 P_N 为：

$$P_N = \int_s j^2 \rho \mathrm{d}S = I_N^2 R_N \quad (\mathrm{W/m})$$

式中　j——实际电流密度（A/m²）；

　　　ρ——导体材料电阻率（Ω·m）；

　　　S——导体截面积（m²）；

　　　I_N——交流电流有效值（A）；

　　　R_N——导体单位长度交流等效电阻（Ω/m）。

2. 铁磁物质载流导体的集肤效应

当铁磁导体通过交流电流（有效值为 I_N）时，每米长的电阻损耗功率 P_N 为：

$$P_N = H^2 l_c \sqrt{\omega\mu\rho} \quad (\mathrm{W/m})$$

式中　H——磁场强度的有效值（A/m）；

　　　l_c——铁磁载流导体周长（m）；

　　　ω——交流电流角频率；

　　　I_N——交流电流有效值（A）；

　　　ρ——铁磁导体材料电阻率（Ω·m）。

（三）磁滞、涡流损耗

载流导体穿过法兰、螺母等铁质零部件时，在铁质零部件中产生交变磁场，引起磁滞、涡流损耗，使其温度升高。准确计算铁损是非常复杂的，通常进行近似估算。

交流电器中常采用硅钢片叠成导磁铁心。铁心中的磁滞、涡流损耗与电源频率、铁心磁感应强度的幅值 B_m 等有关。通常是根据试验曲线近似计算铁心中的铁损。

（四）电介质损耗

电介质在交变电场作用下的损耗功率 P_N 为：

$$P_N = 2\pi f C U^2 \tan\delta \ (W)$$

式中　C——电介质的电容（F）；
　　　δ——电介质的介质损耗角。

在低压电器中，电压 U 很低，电介质中的电场强度不大，电介质损耗很小，通常不考虑。

在高压电器中，电压 U 很高，电介质中的电场强度很大，必须考虑电介质损耗及其产生的热量，以免引起过热而使绝缘物老化加速，甚至引起热击穿而损坏。

二、电器的散热冷却

发热和散热同时存在于工作的电器中，既要减少损耗和发热，又要增强散热。电器的散热方式有热传导、热对流和辐射。

（一）热传导

热传导是指发热体的热量由较热部分向较冷部分传播，或由发热体向与它接触的物体传播。热传导是通过物体分子的热运动而传播热量的，它是固体传热的主要方式，特别是金属内自由电子的扩散，加速了热量的传播。热传导也可在气体和液体中进行，此时热量是借助于原子和分子的扩散以及弹性波的作用进行传播的。

根据傅里叶定律，dt 时间沿等温面 S 的法向 $\vec{n}$ 经热传导传播的热量 dQ 与该面积 S 及温度梯度 $\dfrac{d\theta}{dt}$ 成正比，即

$$dQ = -\lambda S \frac{d\theta}{dn} dt \ (J)$$

式中　C——传热系数（W/m°C）。

（二）对　流

对流是借流体（气体或液体）的运动传递热量，热量的转移和流体本身转移结合在一起。根据流体流动的原因，对流分为自然对流和强迫对流。自然对流是靠近发热体的流体被加热而温度升高，密度减小，流体的热质点与冷质点的密度差使热质点上升，冷质点填充热质点的位置，此过程不断进行，形成流体自下而上运动，带走发热体的热量。强迫对流是在外力作用下（如通风机、液力泵等）强迫流体运动，带走发热体的热量。机车电机、电器因受安装地位的限制，广泛采用强迫对流，以加强散热，缩小体积，减轻重量、节约材料、降低成本。

对流散热与流体的物理参数有关（如流体的热容量、热导率、密度、黏度等），还与流体通道的形状、尺寸、流速以及发热体的温度、几何形状、尺寸、布置方式等有关。

载流导体、线圈等内部热量主要由热传导传递到表面，表面的热量主要由对流和辐射散发到周围介质中。强迫对流是发热体表面散热的主要方式。对流散热通常按下列经验公式计算。

$$\mathrm{d}Q = \alpha(\theta - \theta_0)S\mathrm{d}t = \alpha\tau S\mathrm{d}t \quad (\mathrm{J})$$

式中　Q——对流散出的热量（J）；
　　　θ——发热体表面温度（℃）；
　　　θ_0——周围介质温度（℃）；
　　　τ——温升（℃），$\tau = \theta - \theta_0$；
　　　S——表面散热面积（m²）；
　　　α——对流散热系数（W/m·℃），通常由试验给出经验数据。

（三）辐　射

热辐射是发热体的热量以电磁波的形式转移的过程。热辐射能穿越真空和气体而传递热量，但不能透过固体和液体物质。热辐射以波长为 $(0.8 \sim 40) \times 10^{-6}$ m 的电磁波（红外线）传递的热量为最大；以波长为 $(0.4 \sim 0.8) \times 10^{-6}$ m 的电磁波（可见光）传递的热量为最小。

当发热体辐射表面面积比吸收辐射热的受热体表面面积小得多时，发热体单位表面面积的热辐射功率 P_N 为：

$$P_N = 5.67 \times 10^{-8} \varepsilon (\theta^4 - \theta_0^4) \quad (\mathrm{W/m^2})$$

式中　P_N——发热体单位表面积的热辐射功率（W/m²）；
　　　θ——发热体表面绝对温度（K）；
　　　θ_0——受热体表面绝对温度（K）；
　　　τ——温升（℃），$\tau = \theta - \theta_0$；
　　　ε——热辐射系数（W/K²·m²），它与发热体表面状态和颜色有关。

完全吸收辐射热量的物体称为绝对黑体。绝对黑体被加热时，热辐射的本领也最强。

三、电器的发热工作制

国家标准规定电器的额定工作制分为长期工作制、短时工作制、反复短时工作制3种。电器的温升和冷却基本上按照指数规律变化，即：

温升：$\tau = \tau_w(1-e^{-t/T}) + \tau_0 e^{-t/T}$

冷却：$\tau = \tau_w e^{-t/T}$

从电器发热与冷却的角度可将发热工作制分为长期工作制（通电时间 $t \geq 5T$）、短时工作制（通电时间 $t_1 < 5T$，断电时间 $t_2 \gg 5T$）和反复短时工作制（通电和断电时间都小于 5T）。

（一）长期工作制

8小时工作制、不间断工作制都属于长期工作制。它们的通电时间大于 5T，发热均能达到稳定温升，特点是电器损耗所产生的热量全部散到周围介质中。

8小时工作制由于电器经 8 小时工作而断电后，可以清扫触头表面的氧化膜和尘埃膜；不间断工作制没有清扫触头的机会，由于连续通电，触头发热使氧化层加厚，接触电阻增大，发热更甚，造成恶性循环。因此，电器触头工作于 8 小时工作制的极限允许温升可以比不间断工作制取得稍高一些。

（二）短时工作制

电器的短时工作是指通电时间很短，温升达不到稳定值，而断电时间很长，冷却可达到周围介质温度。例如，主断路器的合闸操作电磁铁属于短时工作制，它仅在合闸时短时通电，合闸结束时就断电。

为了充分利用电器，在长期工作制下通以额定电流的稳定温升应达到极限允许温升。此电器用在短时工作制下，在通电时间内通以短时制电流也应达到极限允许温升，随后立即断电降温，并降低到周围介质的温度。很明显，短时工作制的电流、功率将比长期工作制的电流、功率大得多。

（三）反复短时工作制

反复短时工作制是指通电和断电周期性地不断循环的工作制。在通电时间 t_1 内，电器温度上升，在断电时间 t_2 内，电器温度下降，每经一个循环时间 $t_1 + t_2$，其温升较前一个循环为高，经多次循环后，电器在通电期间升高的温度与在断电期间下降的温度相同，于是电器的温升就在一定范围内摆动。

在保证不超过电器极限允许温升的条件下，电器反复短时工作制的功率可取得较长时工作制大一些。

基础理论知识二　触头、电弧及电器传动装置

一、触　头

在电路中，经常将两个导电零件接触在一起，两个导体相互接触处称为电接触。电接触使电流从一个导体流到另一个导体，完成电路接通的任务，因此，又叫电接触联接。它是电器中极为重要的一部分。电接触联接按工作方式一般可分为固定接触联接、滑动及滚动联接和可动接触联接3大类。

在工作中两接触面可以分开又可以接触的联接，称为可动接触联接。分开用以分断电路，接触用以接通电路。这类联接广泛用于各种断路器、接触器和继电器中。

可动接触联接又称为触头。触头是电器的执行机构，是非常重要的部件，直接关系到电器工作的可靠性。触头总是成对的，由静触头和动触头组成。固定部分为静触头，可动部分为动触头。触头在传动机构的带动下完成分、合动作。在动、静触头接触时，依靠弹簧的压力使动、静触头紧密地接触，保证可靠的电接触联接。

（一）触头的分类

（1）触头按在电路中的作用分为主触头和辅助触头。

主触头用于主电路，辅助触头用于辅助电路和控制电路。因为辅助触头常起电气联锁作用，所以又称为联锁触头。

联锁触头又分为正联锁触头（即常开触头）和反联锁触头（即常闭触头）。在线圈无电的情况下，处于断开状态的触头为常开触头，处于闭合状态的触头为常闭触头。

（2）触头按接触方式可分为点接触触头、线接触触头和面接触触头3种，如图1所示。

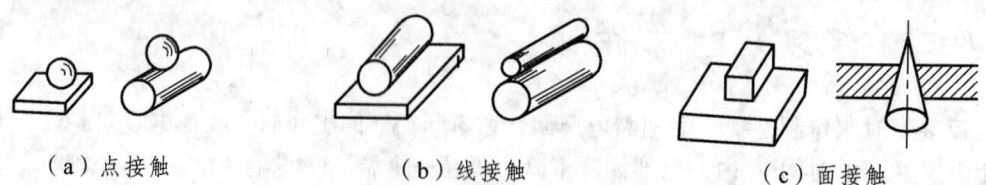

（a）点接触　　　　　（b）线接触　　　　　（c）面接触

图1　触头的接触形式

① 点接触触头是指两个导体只在一点或者很小的面积上发生接触的触头（如球面对球面，球面对平面）。它常用于20 A以下的小电流电器，如继电器的触头，接触器和断路器的辅助触头等。由于点接触触头接触面积小，所需保证其可靠性的接触互压力也较小。

② 线接触触头是两个导体沿着线或者较窄的面积发生接触的触头（如圆柱对圆柱，圆柱对平面）。其接触面积和触头压力都适中，常用于几十安至几百安电流的中等容量的电器中，如中、小容量的接触器和断路器的主触头。

③ 面接触触头是指两个导体沿着较广的表面发生接触的触头（如平面对平面）。其接触面积和触头压力都较大，多用于大电流的电器，如大容量接触器和断路器的主触头。

对接触联接的主要要求是：工作可靠，有足够的机械强度和寿命（包括机械寿命和电寿命），长期通过额定电流时，温升不超过规定值；通过短路电流时有足够的热稳定性和电动稳定性；对外界的影响（如氧化、化学气体腐蚀）有坚强的抵抗能力。

（二）触头的结构参数

1. 触头开距

触头开距是指触头在断开时，动触头和静触头之间的最短距离 s，如图 2 所示。触头开距必须保证触头分断电路时可靠地灭弧，并具有足够的绝缘能力，经得起过电压的冲击而不被击穿。

2. 触头超程

触头超程是指触头闭合后，如果将静触头移开，动触头在触头弹簧的作用下继续前移的距离 r，如图 2 所示。触头超程是用来保证触头在允许磨损的范围内仍能可靠地工作。

3. 触头研距

图 3 中的 ab、$a'b'$ 即为触头研距。动触头与静触头在开始接触时的接触线在 a 点处，在触头闭合过程中，接触线逐渐移动，最后在 b 点处接触以导通工作电流。此过程是依靠动触头弹簧在衔铁闭合过程中受压力而产生弹性变形，使触头表面呈圆弧形滚动来完成的。由于在动、静触头上 ab 和 $a'b'$ 长度不一样，因此在两者接触过程中，不仅有相对滚动，而且有相对滑动存在，整个接触过程称为研磨过程，触头的滚动量与滑动量之和称为研距。触头表面有滑动，可以擦除触头表面的氧化层及脏物，减小接触电阻，触头表面有滚动，可以使正常工作接触线（最终接触线）和开始接触线（最后分开线）错开，以免电弧烧损正常工作的接触线，保证其接触良好。

图 2 触头开距 S 和超程 r

开始接触线

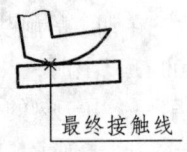
最终接触线

$\left.\begin{matrix}a\ b\\a'\ b'\end{matrix}\right\}$ 触头研距

图 3 触头的研磨过程和研距

4. 触头的初压力和终压力

触头闭合后，其接触处有一定的互压力，称为触头压力。触头压力是由触头弹簧产生的。触头弹簧有一定压缩，使得动触头刚与静触头接触时就有互压力，称为触头初压力。触头具有初压力可以防止刚接触时的碰撞振动及电动斥力使两触头弹开。动、静触头研磨过程结束时的接触压力称为触头终压力。触头终压力使得实际接触面积增加，接触电阻减小。

触头开距、超程、初压力和终压力都是必须进行检测的重要参数。在电器的使用及维修中，常用这些参数来判断触头的工作情况，检验电器的工作状态。

触头有4种工作情况：

（1）触头处于闭合状态。主要问题是触头的发热以及热和电动的稳定性。触头的发热是由于接触电阻引起的，因此必须设法减小接触电阻。

（2）触头闭合过程。主要是减小由于触头碰撞而产生的机械振动，从而减少触头电磨损和避免触头的熔焊。

（3）触头处于断开状态。触头必须有足够的开距，以保证可靠地熄灭电弧和开断电路。

（4）触头的开断过程。这是触头最繁重的工作过程。当触头开断电流时，一般在触头间会产生电弧，这个过程的主要问题是熄灭电弧和减少由于电弧而产生的触头电磨损。

二、电弧产生和熄灭的物理过程

电器触头在大气中开断或闭合电压超过10 V、电流超过0.5 A的电路时，两触头间将会产生电弧。电弧是气体放电的形式之一，它具有很高的温度，发出强烈的弧光。燃烧在两触头间的电弧如不能及时熄灭，将会导致触头烧伤或使其熔焊而不能可靠分断电路，严重时还会灼伤操作人员和其他电气设备，导致短路故障而引起停电事故，甚至酿成火灾。电弧还会产生高次谐波，对通讯线路产生干扰。当然，电弧也有被人们利用的一面，如电弧焊接、电弧炼钢、弧光灯照明等，又如，开关电器分断电感性电路时，贮存在磁场中的电磁能量消耗于电弧中，可以防止产生危及电气设备绝缘的过电压。

（一）电弧产生的物理过程

触头开断电路的过程中，接触压力减小，接触电阻和压降增加，触头温度上升，一般可使接触点上的温度达到熔点，触头金属被熔化，动、静触头间充满液态金属桥。当动、静触头分离时，液态金属桥强烈发热而汽化，金属蒸气充满于两触头之间，被触头开断的电路电压和电流超过生弧极限时，两触头之间的金属蒸气就会被击穿而形成电弧。阴极表面的热发射和电场发射，使大量自由电子注入触头间隙中，在动、静触头的间隙中产生撞击电离，电源输入电弧的能量使其温度剧烈上升，当达到5 000 K以上时，热电离加剧并形成强烈燃烧的电弧。

综上所述，电弧形成的原因有二：第一，由于热的作用产生热发射和热游离；第二，由于电场的作用，产生冷发射和碰撞游离。在气隙间出现大量电子流，使气体由绝缘体变成导体。触头间出现电弧后，起主要作用的是的热游离。因而，使电弧迅速冷却是熄灭电弧的主要方法。

（二）电弧熄灭的物理过程

触头间气体在游离过程中，其中性分子和原子分解为电子和正离子而形成电弧后，怎样才能熄灭呢？熄灭电弧的过程就是将触头间的气体由导电状态恢复到原来的绝缘状态，即将游离成电子和正离子的气体重新结合成中性分子和原子或者扩散到周围介质中去，这就是消游离过程。消游离过程有复合和扩散两种形式。

1. 复 合

复合就是异性离子（正离子和负离子或正离子和电子）互相结合在一起中和成中性原子或分子的作用过程。在游离过程中出现的电子、正负离子，如果它们的运动速度不大，当它们接近时，就互相吸合而成中性分子，这种复合称为直接复合。如果电子和正负离子的运动速度较高，则它们不能直接复合，速度较高的电子撞击中性分子时，除形成撞击游离外，也可能附在中性分子上，形成负离子。由于形成负离子后的质量比电子大得多，因而速度就减慢，当与正离子接近时，就相互中和成中性分子，这个过程称为间接复合。

2. 扩 散

扩散就是电弧表面的电子和离子扩散到周围介质中去。电弧是一个电子和离子高度密集的空间，同时温度也很高。由于密度大、温度高的气体总是向密度小、温度低的介质方向扩散，所以，电弧中的电子和离子必然扩散到周围介质中去，扩散的速度与温度有关，电弧表面与周围介质的温差加大，扩散作用就加强，就有利于电弧的熄灭。要电弧熄灭，就必须增强消游离作用，抑制游离作用。

三、灭弧方法及灭弧装置

（一）灭弧方法

在低压电器中通常采用下列两种熄灭电弧的方法：一是长弧灭弧法；二是短弧灭弧法。

1. 长弧灭弧法

长弧灭弧法就是将电弧拉长，使加在弧隙两端的电压（包括电源电压与自感电势）不足以维持电弧压降。迫使电弧电流减小，直到熄灭，具体方法是拉长电弧和冷却电弧。

（1）拉长电弧。

拉长电弧就是将电弧长度增加，使加在弧隙两端的外加电压不足以维持电弧燃烧，从而使电弧熄灭。拉长电弧的具体方法有机械拉长电弧，用触头回路的电动力拉长电弧，使电弧在磁场中受力拉长等。

机械拉长电弧就是利用电器触头分离时的机械力把电弧拉长。触头回路的电动力拉长电弧就是利用触头回路对电弧产生电动力，使电弧运动拉长。要使电弧在磁场中受力拉长就要专门设置一个产生磁场的装置,利用磁场力使电弧运动拉长。

(2)冷却电弧。

电弧被机械力、电动力或磁场力拉长时,相对冷空气运动而起着冷却作用,增加消游离作用,抑制游离作用,迫使电弧熄灭。

2. 短弧灭弧法

短弧灭弧法是将电弧分割成许多串联短弧。对于直流电弧,每一短弧都有 10~25 V 极旁压降。如果外加电压不足以维持所有串联短弧极旁压降之和,则电弧熄灭。对于交流电弧,当电弧电流通过零点时,每一短弧都有 40~250 V 的近阴极效应,如果外加电压(即弧隙两端的恢复电压)小于所有串联短弧的近阴极效应电压之和时,电弧不再点燃而熄灭。交流电流通过零点时的近阴极效应电压是直流电弧极旁压降的 4~15 倍,所以交流低压电器多采用短弧原理熄弧。

(二)直流电弧的熄灭方法

直流电弧的熄灭方法最常见的是采用机械力把电弧拉长,再利用磁吹、气吹或电动力等方法,使电弧拉长的同时迅速冷却,这样就加速了消游离作用,从而使电弧熄灭。

(三)交流电弧的熄灭

交流电弧和直流电弧的形成和熄灭的物理过程相同,但交流电弧电流是交变的,它的方向和大小随时间而变化。

交流电弧电流通过零点时,由于电源停止供给电弧能量,热游离迅速下降,为电弧的最终熄灭创造了最有利条件。此时只要采取一定的消游离措施,使少量的剩余离子复合,就能防止电弧在下半周重燃,使电弧最终熄灭。因此,交流电弧比直流电弧容易熄灭。我们通常把利用电弧电流自然过零进行熄弧的特点称为零点熄弧原理。

为了使交流电弧熄灭,也就是要使电流过零点后电弧不再重燃,必须从两个方面着手:即在电流过零时减小恢复电压增长速度和增加介质强度恢复速度。增加介质强度恢复速度,在交流接触器中常设法使一个电弧被灭弧栅片割成许多串联的短电弧,这样每一个短电弧就相当于处在一个电极之下,在电流过零时,就会发生近阴极效应。许多个串联叠加起来的近阴极效应产生的起始介质强度恢复电压之和比一对极下产生的扩大了许多倍。当外界加于电弧两端的电压小于此值时,则电弧很难重燃。此外加强弧隙消游离作用亦可增加介质强度恢复速度。为减小恢复电压的速度,可以在弧隙上并联一个一定阻值的非线性电阻。

(四)灭弧装置

触头分断具有一定电压和电流的电路时,相互分离的触头会产生火花或电弧。这是造成触头磨损、烧毁和熔焊的主要原因。为了保证电路可靠分断,保证电器具有一定的电气寿命,通常都采用熄灭火花电路和灭弧装置。

1. 长弧灭弧装置

典型的长弧灭弧装置有利用触头回路的电动力拉长电弧的桥式触头和磁吹纵缝灭弧装置。

（1）桥式触头。

载流导体之间会产生电动力。电动力的大小与电流的平方成正比，并与导体布置形式有关。也可以把电弧看作一根柔软的载流导体，如图4所示。桥式触头利用触头回路对电弧产生的电动力使电弧受电动力的作用向两侧运动，既有拉长作用，又有与空气发生相对运动的冷却作用，这样就加速了电弧的熄灭。电弧运动的速度与电动力的大小有关。由于

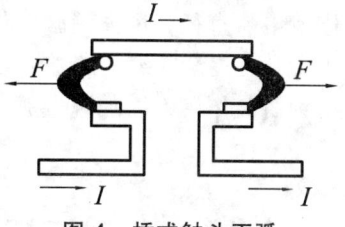

图 4　桥式触头灭弧

产生磁场的磁势是电弧电流，所以电动力大小与电弧电流成正比，还与触头电路的布置形式有关。这种结构用于小电流场合，如继电器触头、接触器的辅助触头等。

（2）磁吹纵缝灭弧装置

磁吹纵缝灭弧装置由磁吹线圈、磁吹铁心、导磁板、灭弧角、纵缝灭弧室等组成，如图5所示。

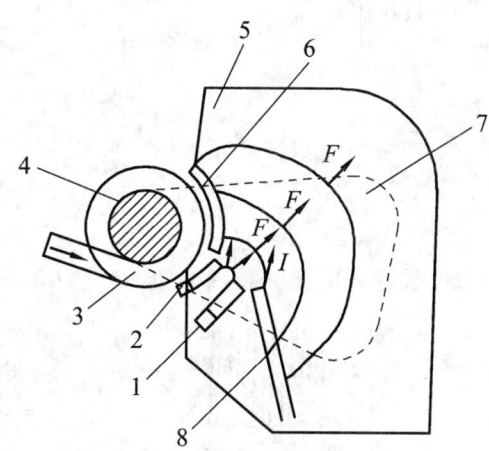

图 5　磁吹纵缝灭弧装置

1—动触头；2—静触头；3—磁吹线圈；4—磁吹铁心；5—灭弧罩；6、8—灭弧角；7—导磁板

磁吹线圈串联在触头回路中，通过线圈的电流就是电弧电流，线圈电流产生磁通，经过铁心、导磁板、两触头间而形成回路。磁吹磁场与电弧电流成正比，作用在电弧上的电动力与电流平方成正比。电弧电流愈大，磁吹能力愈强，电弧愈易熄灭。电弧在磁场中受力而运动，很快离开触头而导致在灭弧角上拉长和冷却，迫使电弧熄灭。串联磁吹装置既可用于直流电路，也可用于交流电路。

灭弧角用以使电弧很快离开触头，引导电弧在灭弧室中燃烧并熄灭，两灭弧角间的夹角应尽可能大一些。

灭弧室起增强消游离、压抑电离、加速电弧熄灭的作用。电弧限制在灭弧室内燃烧并熄灭，可以缩小电器体积及其安装尺寸。

所谓纵缝是指灭弧室缝的中心线和电弧轴线重合。纵缝灭弧室有宽缝和窄缝两种。宽缝是指缝宽度比电弧直径还要宽，不起限制电弧直径的作用；窄缝是指缝隙宽度比电弧直径小，

起限制电弧直径的作用。窄缝与宽缝比较，它对电弧冷却效果好，消游离作用强，但电弧在缝隙中运动阻力较大。

图6所示为纵缝灭弧室的几种形式：（a）为下部缝隙宽，便于放置触头，上部缝隙窄，能限制电弧直径，增强消游离作用；（b）为多条缝隙，通常电弧最后只在一条缝隙中熄灭；（c）为具有逐渐收缩的缝隙，以适应电弧电流不断减小，电弧直径也不断变化的情况，有利于抵消游离作用，以加速电弧的熄灭。

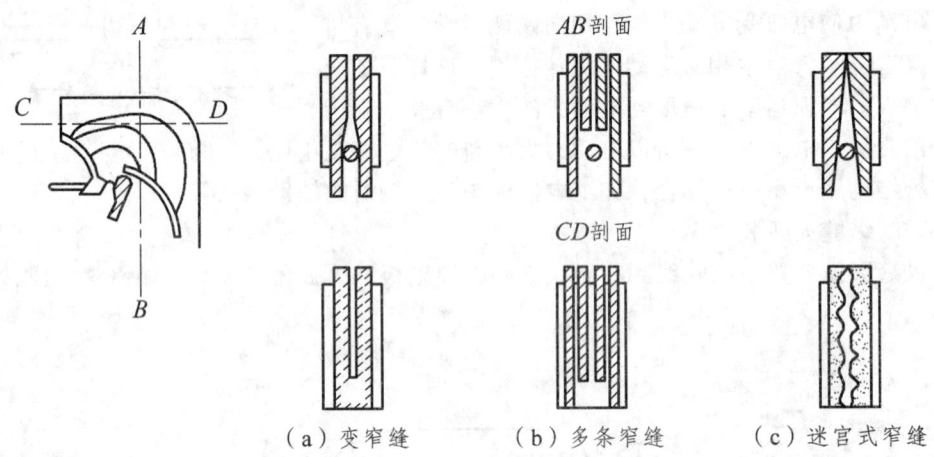

图6 纵缝灭弧室结构

2. 短弧灭弧装置

短弧灭弧装置是利用短弧原理熄灭电弧的装置，如图7所示。

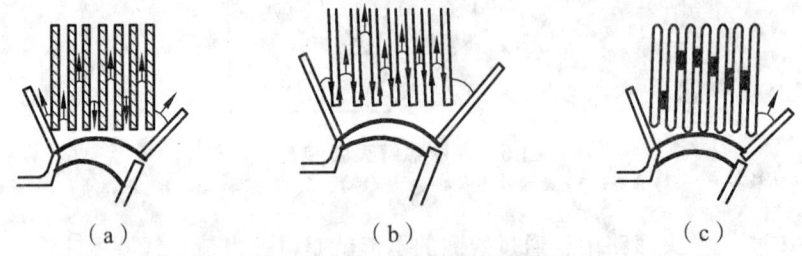

图7 灭弧栅及在栅中电弧的运动

在绝缘的灭弧罩中嵌有一定形状的数片铁片，铁片镀锌或镀铜以防止生锈。当动触头与静触头分离后，在触头导电回路或磁吹磁场的电动力作用下，电弧向上运动到弧角上，接近铁栅片时，由于铁片是导磁的，因而产生吸力将电弧吸入铁栅片中。电弧刚进入铁栅片会遇到较大的空气阻力，为了减小刚入栅片的空气阻力及增加电动吸力，栅片都有楔口并交叉装配。最初电弧进入一半铁栅片中，栅片间距离较大，空气阻力较小，随着电弧继续进到所有铁栅片时，电动吸力较大，足以克服空气阻力。电弧进入铁栅片后分成许多串联短弧，作用于各短弧的电动吸力和空气阻力是有差异的，因此，有些短弧向上运动较快，有些短弧运动较慢。铁栅片与短弧形成的电流回路产生电动力作用在短弧上，使得运动快的短弧继续向前运动，运动慢的短弧受有向后拉回的电动力，反而向着触头方向运动，有可能引起两触头间重新燃弧。为了防止运动较慢的短弧受到往回拉的电动力作用，可以采用凹形铁片。

（五）无电弧开断电路

触头在开断时要产生电弧，原因是触头间的空气被游离，由绝缘状态转变为导电状态。如果将触头置于真空中，触头间没有空气，触头开断电路时就没有气体游离，只有少量金属蒸汽产生的"真空电弧"，"真空电弧"很容易熄灭，这就是真空开关。真空开关可以在较小的触头开距下切断大电流和高电压，提高断流容量。

目前还发展了一种同步开关，它是利用交流电流过零瞬间进行同步开断，实现无电弧断开交流电路。

利用晶闸管制成无触点电器或组合电器（即触点和晶闸管组合），也可以实现无电弧开断电路。

四、电器传动装置

传动装置是有触点电器中用来驱使触头或接点按规定方式动作的驱动机构。电力机车上的电器主要采用的是电磁传动装置和电空传动装置，其次还采用了手动、机械式传动装置，个别的还采用了电机传动机构，如调压开关的驱动装置。

（一）电磁传动装置的基本组成和工作原理

电磁传动装置是一种通过电磁铁把电磁能变成机械能来驱使电器触头动作的机构。电磁传动装置实际上就是一个电磁铁，它的形式很多，比如：螺管式、直动式、E形、U形等。但它们的基本组成和工作原理却是相同的。它主要由吸引线圈和磁系统组成。下面以图8所示的直流接触器加以说明。

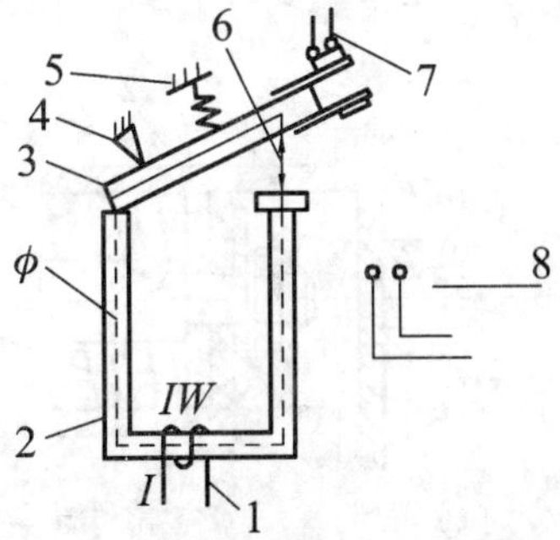

电磁传动装置主要由线圈、静铁心、动铁心（衔铁）、极靴、反力弹簧、调节螺钉（止挡）、工作气隙等组成。

图8 拍合式电磁传动装置
1—线圈；2—铁心；3—衔铁；4—止挡；5—反力弹簧；6—工作气隙；7—常闭触头；8—常开触头

当线圈接通电流后，线圈中产生磁势 IW，在磁系统和工作气隙所构成的回路中，产生磁通 ϕ，在工作气隙两端的衔铁和极靴上产生磁力，衔铁受到电磁吸力作用，当这个吸力产生的转矩大于反力弹簧产生的转矩时，衔铁被吸合，带动触头动作（常开触头闭合、常闭触头打开）。当线圈电流减小时，磁势减小，吸力也减小，如果吸力小于弹簧反力，则衔铁在反力弹簧的作用下将打开，带动触头将处于另一工作位置

(常开触头打开、常闭触头闭合)。由此可见,只要控制电磁铁吸引线圈电流(或电压)就能通过触头来控制其他电器。

(二)电空传动装置

由电磁传动装置的吸力特性可知,电磁吸力随气隙的增加而下降,因此在需要长行程、大传动力的场合,用电磁传动装置就不适宜了;电空传动装置却能将较大的力传递较远,而且电力机车上有现成的压缩空气气源,所以,在电力机车上还采用许多电空传动的电器设备。

电空传动装置是一种以电空阀控制的压缩空气作为动力,驱使触头按规定动作的驱动机构。它主要由电空阀和压缩空气驱动装置组成。

1. 电空阀

有关电空阀的介绍参见项目六的项目分析。

2. 压缩空气驱动装置

压缩空气驱动装置有气缸传动和膜板传动两种。

(1)气缸传动装置。

① 单活塞压缩空气驱动装置。

单活塞压缩空气驱动装置如图9(a)所示。当电空阀有电时,其控制的压缩空气进入传动气缸,推动活塞、压缩弹簧,使活塞杆右移,带动触头闭合;当电空阀失电时,其控制的气源被关断,在弹簧的作用下,推动活塞,带动活塞杆左移,使触头打开。

单活塞压缩空气驱动装置的优点是工作行程可以选择,以满足开距和超程的要求;缺点是摩擦力较大,动作较慢。

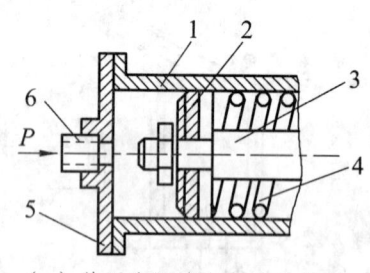 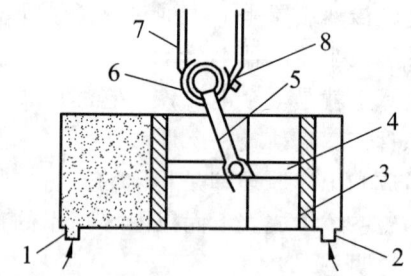

(a)单活塞压缩空气传动装置
1—气缸;2—活塞;3—活塞杆;4—弹簧;
5—气缸盖;6—进气孔

(b)双活塞压缩空气传动装置示意图
1,2—气口;3—活塞;4—活塞杆;5—曲柄;
6—转鼓;7—静触头;8—动触头

图9 压缩空气传动装置

② 双活塞压缩空气传动装置。

双活塞压缩空气传动装置如图9(b)所示。当气口1开通气源,气口2通向大气时,压缩空气驱动活塞右移;当气口2开通气源,气口1通向大气时,压缩空气驱动活塞左移。

双活塞压缩空气传动装置的特点是所控制的行程受到一定限制,且对被控制的触头不具有压力的传递,所以应用不广泛。

(2)膜板传动装置。

膜板传动装置的原理结构如图 10 所示,实际结构如图 11 所示。当压缩空气从气口进入时,压迫膜板,克服弹簧张力,使活塞杆右移,带动触头动作;反之,当压缩空气从气口排出去时,弹簧伸张,使膜板带动活塞杆左移,触头打开。

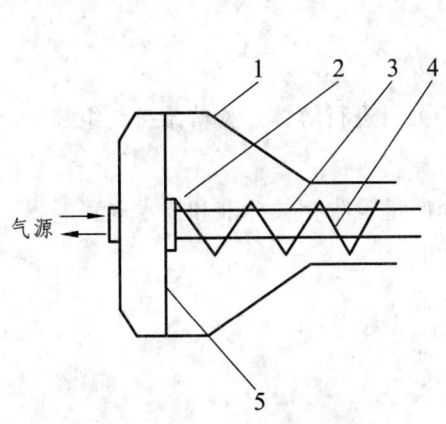

图 10 膜板传动装置原理结构
1—阀体;2—活塞;3—活塞杆;4—开断弹簧;5—橡胶膜板

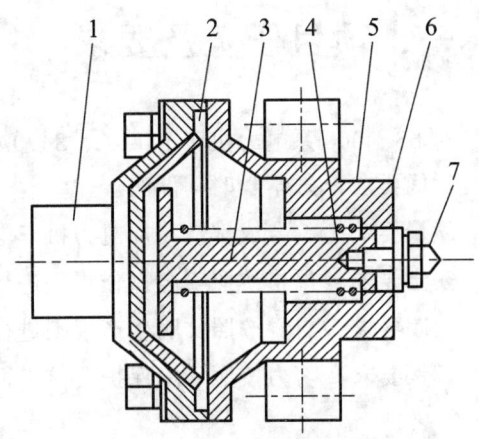

图 11 膜板传动装置
1—气缸盖;2—橡胶膜板;3—活塞杆;4—复原弹簧;5—气缸座;6—衬套;7—杆头

项目一　按键开关组的检修与维护

一、项目任务及要求

对 SS_3 4000 系电力机车 S460A、S470A 按键开关组进行解体、检修维护与组装。

时间要求：教学学时 4 课时。
质量要求：符合成都铁路局电力机车电器检修质量验收相关标准和技术规程。
安全要求：严格按照安全操作规程进行项目作业。
文明要求：自觉按照文明生产规则进行项目作业。
环保要求：努力按照环境保护要求进行项目作业。

理论链接 1：按键开关的定义及组成

按键开关的定义及作用：

按键开关组又称为琴键式按键开关组，它们均由相同的插销插座式结构的琴键开关单件在铝制的开关盒中组装而成。

在电力机车上，按键开关用于控制机车的控制电路电源。

理论链接 2：按键开关结构原理（见图 1.1）

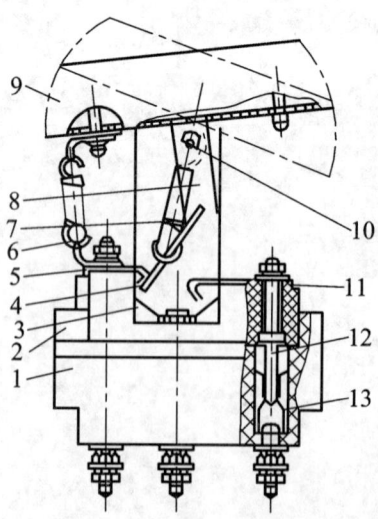

图 1.1　按键开关单件（自复式）结构简图
1—底座；2—插销座；3—支架；4—动触头；5—短静触头；6—自复弹簧；7—触头弹簧；
8—触头支架；9—按键；10—轴；11—长静触头；12—插销；13—插座

理论链接 3：板键开关的特点

（1）操作方便，结构紧凑；

（2）采用插销插座式单件结构，便于检修更换，无须整组拆卸，无须拆线；

（3）配置主按键开关钥匙（每台机车只配 1 把），可防止他人违纪操作。

理论链接 4：板键开关的分类

根据目前电力机车上使用的情况来分析：

开关箱分为主按键开关箱和副按键开关箱。主按键开关箱由 11 个开关单件组成，其中主断路器的"断"与"合"及"强泵风"的按键开关是自复式的，其余均为非自复式的，由司机操作控制；副按键开关箱由 9 个按键开关单件组成，均为非自复式的，由副司机操作控制。

理论链接 5：板键开关单件技术参数

额定电压	DC 110 V
额定电流	15 A
触头数量	一常开，一常闭
触头开距	≥6 mm
触头压力	≥8 N
操作力	自复式≤35 N，非自复式≤35 N

二、项目分析

由于按键开关用于控制机车的控制电路电源，所以，按键开关组质量及工作状态的好坏直接决定了电力机车辅助机组是否正常运转、机车是否能正常运行。

按键开关常见故障主要有触头故障、机械故障，见表 1.1。

表 1.1　故障原因与处理方法

序号	常见故障	故障原因	处理方法
1	触头故障	（1）由于触头的机械咬合、熔焊或冷焊而产生无法断开的现象； （2）由于接触电阻变大和不稳定而使电路无法正常接通的现象； （3）由于负载过大或触头容量过小等引起触头无法分、合电路的故障； （4）由于电压过高或触头开距变小而出现触头间隙重新击穿的故障；	（1）检查触点表面氧化情况和有无污垢。若触点有污垢，则应用汽油清洗干净。铜质触点如有氧化层，可用油光锉锉平或用小刀轻轻地刮去其表面的氧化层； （2）观察触点表面有无灼伤烧毛，铜触点烧毛可用油光锉或小刀整修，不允许用砂布来整修，但银触点烧毛可不必整修；

续表 1.1

序号	常见故障	故障原因	处理方法
1	触头故障	（5）由于没有采用熄弧装置或措施，或参数选用不当而造成触头磨损，或产生不必要的干扰	（3）触点如有熔焊，则应更换触点。若因触点容量不够而造成故障，则更换时应选容量大一级的电器； （4）检查触点有无机械损伤使弹簧变形，造成触点压力不够。若有，则应调整压力，使触点接触良好。检查触点有无松动，若有，则应加以紧固，以防触点跳动
2	机械故障	（1）棱角和轴的磨损，导致开关不灵或卡死的故障； （2）由于部件机械磨损、弹簧弹性变形等，使开关无法正常打开或闭合，导致控制电路的故障	（1）棱角和轴磨损时，应更换棱角和轴； （2）可通过拆卸后整修，更换磨损件或更换弹簧

一般按键开关产生故障的原因较多，但由于按键开关的结构及安装位置等多种条件的限制，按键开关的检修是采用"检查→解体→检修→组装→试验"5个步骤进行。

三、项目实施的路径与步骤

（一）项目路径

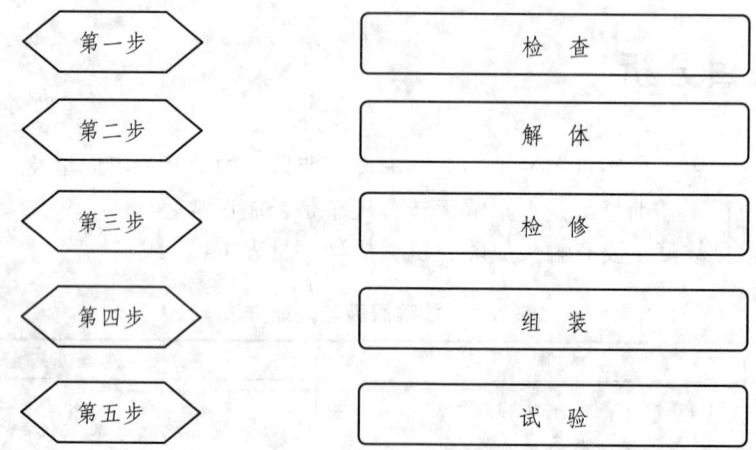

（二）项目步骤

 理论链接 1：基本技术要求

（1）各部清洁度符合《电力机车部件清洁度标准》，检修或存放时各部件不得落地；
（2）触点额定动作电压值应在 88～121 V；

（3）电气联锁开关动作灵活、开闭可靠、机械锁闭作用良好；

（4）相互绝缘的带电部分之间及对地的绝缘电阻不小于 10 MΩ（500 V 兆欧表），相互绝缘的带电部分之间及对地施以 50 Hz，1 100 V 正弦交流 1 min，无击穿、闪络现象；

（5）支架、触头、按键应无松动、裂纹、变形及过量磨耗，配合应良好；

（6）触头、弹簧无变形，作用良好。

 理论链接 2：基本技术参数

（1）主要技术参数：

触点额定工作电压 ··· DC 110 V

大容量触点扳钮开关额定电流 ·· 25 A（40 A）

小容量触点扳钮开关额定电流 ·· 1 A（2 A）

小容量触点扳钮开关约定发热电流 ··· 10 A（20 A）

小容量触点扳钮开关最大可靠分断电流 ·· 2 A（4 A）

（2）相互绝缘的带电部分之间及对地的绝缘电阻不小于 10 MΩ（500 V 兆欧表）。

步骤一　检　查

（1）解体前进行外观检查。

（2）解体前进行通电性能试验。

步骤二　解　体

1. 解　体

（1）拆下扳钮开关组件中的"前照灯"（球开手柄）、"司机室灯"（T 开手柄）及"空压机"（T 开手柄）扳钮开关的手柄。

（2）将扳钮开关组面板拆下，拆卸时注意先将安装板背面安装柱上的 M5 螺母拆下。

（3）将安装板四角的沉头螺钉拆下，取出扳钮开关组件。

2. 清　洗

用压缩空气吹扫箱体，各部清扫干净，各部清洁度符合清洁度标准，用布擦拭至无灰尘油垢（Ⅰ级标准），线号清晰、齐全、完整、正确。

使用工、量具及设备：

（1）工具。

毛刷、电器钳工常用工具。

（2）量具。

万用表、电线路检测仪、500 V 兆欧表等。

（3）设备。

工作台、扳键开关试验设备。

步骤三　检　修

（1）S826a/L 触头（见图 1.2）检修

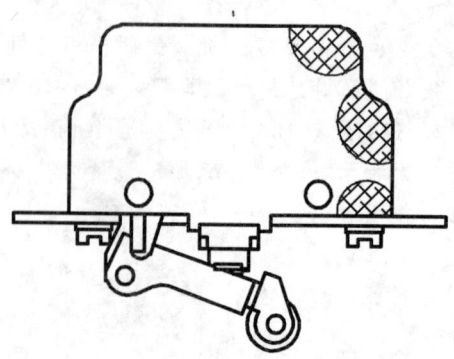

图 1.2　S826a/L 触头外形图

① 检查触头内部及滚轮架（包括滚轮滚动）的动作是否灵活可靠，否则应在触头滚轮轴芯及滚轮架轴芯部分加少许稀 6 号汽油机油（GB485-72），以增加触头动作灵活度。

② 检查触头动作，如有严重烧损和动作不灵活者，应更换该触头，更换时注意触头型号和触头滚轮的安装方向。

③ 用线路检测仪测量触头接触电阻应小于 250 mΩ，如果接触电阻较大则应更换。

（2）LW5 型转换开关按"LW5 型万能转换开关检修工艺"检修。

（3）电气联锁开关（见图 1.3）检修。

① 检查连杆孔与万能转换开关轴，锁闭杆无裂损、弯曲、变形。

② 插入钥匙开关反复开、闭检查，联锁触头开闭可靠，动作不卡滞，联锁接触电阻不大于 250 mΩ，并在机械联锁各转动销孔处涂铁道脂润滑。

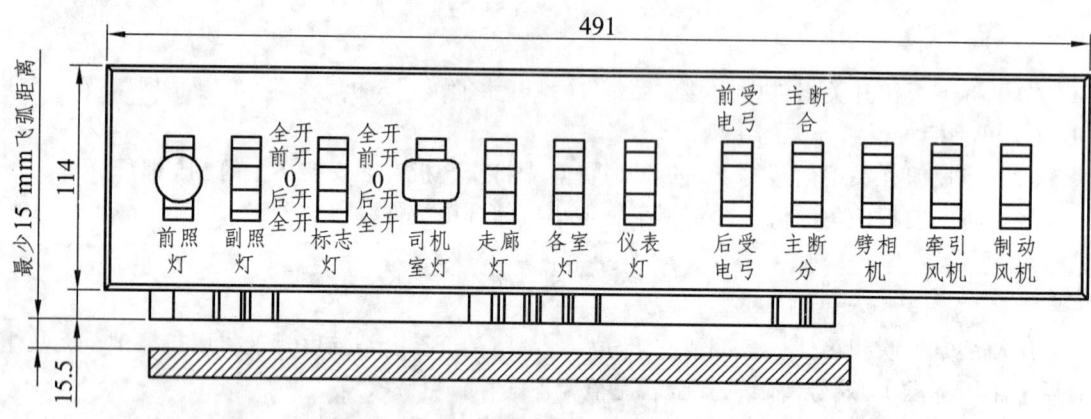

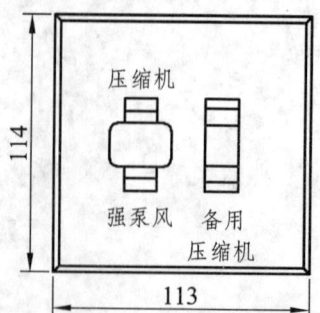

图 1.3　S460A、S470A 按键开关组外形和结构图

注意事项及作业标准：
（1）触点接触良好，无烧痕；
（2）支架、触头、轴芯应无松动、裂纹、变形及过量磨耗，配合应良好。
关键事项：清洁度Ⅰ级
使用工具：电器钳工常用工具、数字万用表。

步骤四　组　装

S460A、S470A按键开关组闭合情况如图1.4所示。

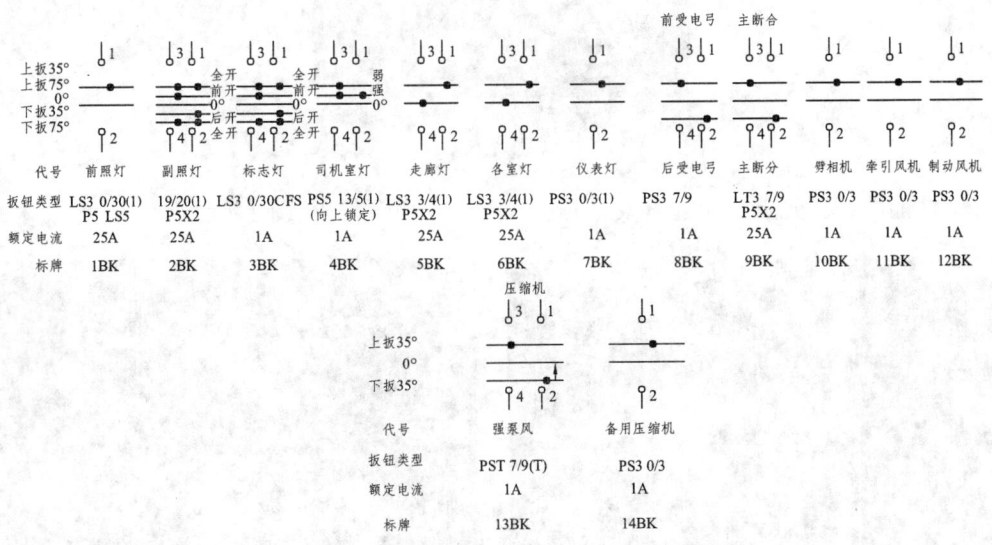

图1.4　S460A、S470A按键开关组闭合图

组装时有如下要求：
（1）扳钮开关凸轮应按照闭合表进行组装，不能随意拆卸，并按原理接线图进行联锁接线。当检查导线束绝缘有破损、老化时，应更换。接线头应压接紧固，无断股，线号齐全、清晰。
（2）安装扳钮开关组面板时，如有不平，可用垫圈及螺母将扳钮组件面板背面的安装柱拉紧。
（3）安装螺丝紧固，防缓件齐全。
（4）电气联锁开关锁闭杆应作用可靠，断开电钥匙时，扳键开关不能闭合（主台除头灯、副灯扳钮除外）。
使用工具：电器钳工常用工具。

步骤五　试　验

1. 绝缘试验

（1）用500V兆欧表检测相互绝缘的带电部分之间及对地的绝缘电阻，其值应不小于10 MΩ。
（2）相互绝缘的带电部分之间及对地施以50 Hz，1100 V正弦交流电1 min，无击穿、闪络现象。

2. 性能试验

（1）接上插头，启动检测软件，进入检测画面，选择相应型号进入测试，如图1.5所示。

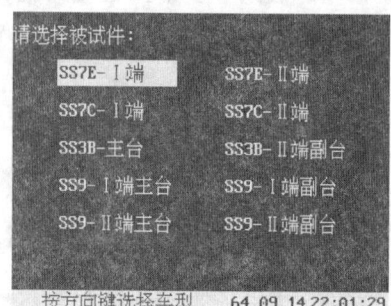

图 1.5

（2）性能测试。先点相应名称及线号进行测试，如图1.6、图1.7所示。

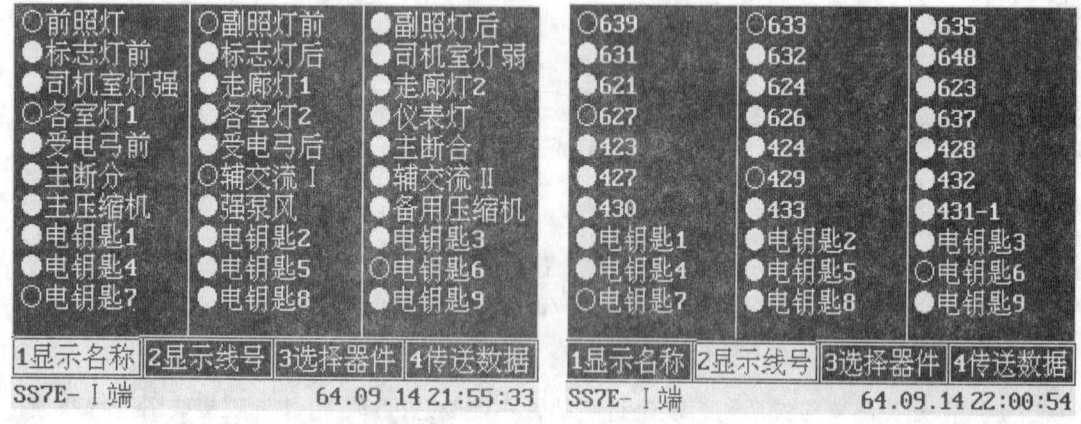

图 1.6　　　　　　　　　　图 1.7

（3）测试完成后，点击保存检测报告，如图1.8所示。

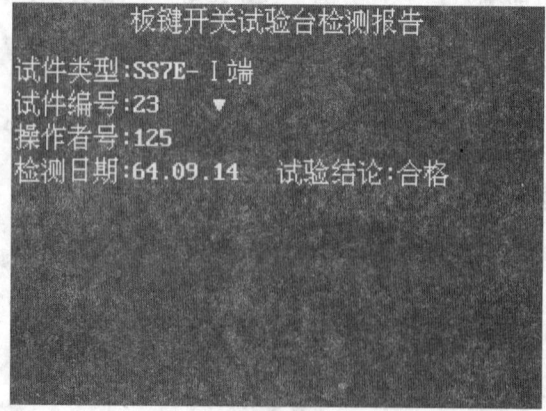

图 1.8

使用工具：电线路检测仪、数字万用表、按键开关试验设备。

四、项目实施

1. 劳动组织形式

对学生进行分组：学生每3~4人组成一个工作小组，各小组制订出实施方案及工作计划，组长协助教师参与指导本组学生学习，检查项目实施进程和质量，制定改进措施，共同完成项目任务。

2. 工具材料准备

（1）作业工具：数字万用表，500 V兆欧表，电线路检测仪，电器钳工常用工具。
（2）作业材料：6号汽油机油（GB 485—72），汽油，酒精，毛刷，白布，触头等。
（3）使用设备：0~150 V可调直流电源检测台，工作台。

3. 作业要求

（1）正确着装，穿戴好劳动保护用品。
（2）正确使用工、卡、量具。
（3）注意自身安全及他人安全，严禁违章作业。

4. 项目评价

按时间、质量、安全、文明、环保要求进行考核。学生按照表1.2进行项目考核评分，先自评，在自评的基础上，由本组的同学互评，最后由教师进行总结评分。

表1.2 项目考核评价表

项目要求	考核标准	考核结果
（1）时间要求	（1）不超过规定时间	（1）有一项不符合要求不合格； （2）合格成绩为60分
（2）质量要求	（2）检修、维护质量符合标准	
（3）安全要求	（3）符合安全操作规程	
（4）文明要求	（4）做到文明"生产"	
（5）环保要求	（5）检修过程符合环保要求	
项目作业		40分
成　绩		

注：如出现重大安全、文明、环保事故，则本项目（单元）考核记为不合格。

五、项目实施过程中可能出现的问题及对策

可能出现的问题：测试显示逻辑错误。

故障原因：相应的接线错误。

六、项目作业

完成 SS_3 4000 系电力机车 S460A、S470A 按键开关组的学习任务单。

项目二　司机控制器的检修与维护

一、项目任务及要求

对 SS₃ 4000 系电力机车 TKS6E 型司机控制器进行解体、检修维护与组装。
时间要求：教学学时 6 课时。
质量要求：符合成都铁路局电力机车电器检修质量验收相关标准和技术规程。
安全要求：严格按照安全操作规程进行项目作业。
文明要求：自觉按照文明生产规则进行项目作业。
环保要求：努力按照环境保护要求进行项目作业。

二、项目分析

理论链接 1：TKS6E 型司机控制器的作用

司机控制器是司机用来操纵机车运行的主令控制电器。它通过控制电路电器来间接控制主电路的电气设备，使司机操作既方便又安全。

韶山 3 型 4000 系电力机车每端司机室里装有一台 TKS6E 和 TKS6D 型控制器，TKS6D 型是仅作为机车在进行调车作业时使用的辅助司机控制器，没有制动工况，与 TKS6E 型司机控制器的基本结构完全相同。

理论链接 2：TKS6E 型司机控制器的结构

TKS6E 型司机控制器（见图 2.1）从结构上来说是属于鼓型控制器，它由换向鼓和调速鼓两个不同功能的鼓形控制器组成，前者是用来改变方向和实现牵引、制动工况的转变；后者是用于启动、调速。它们主要由换向手柄、换向鼓、调速手柄、调速鼓、转轴、接触元件、面板、支柱、定位联锁机构和电位器等部件组成。

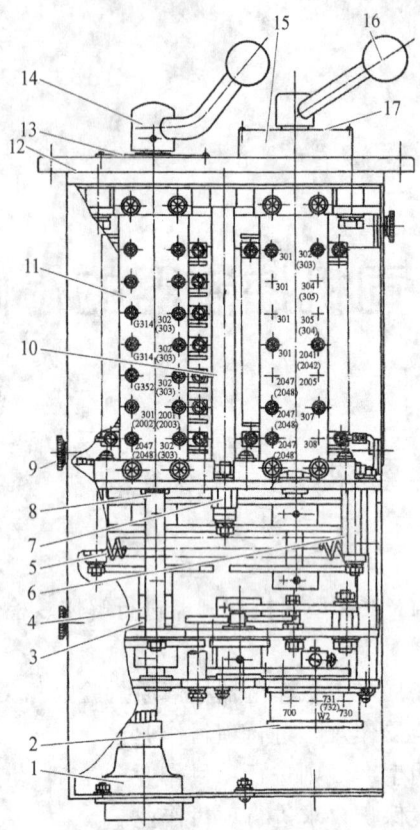

(a) TKS6E 型司机控制器

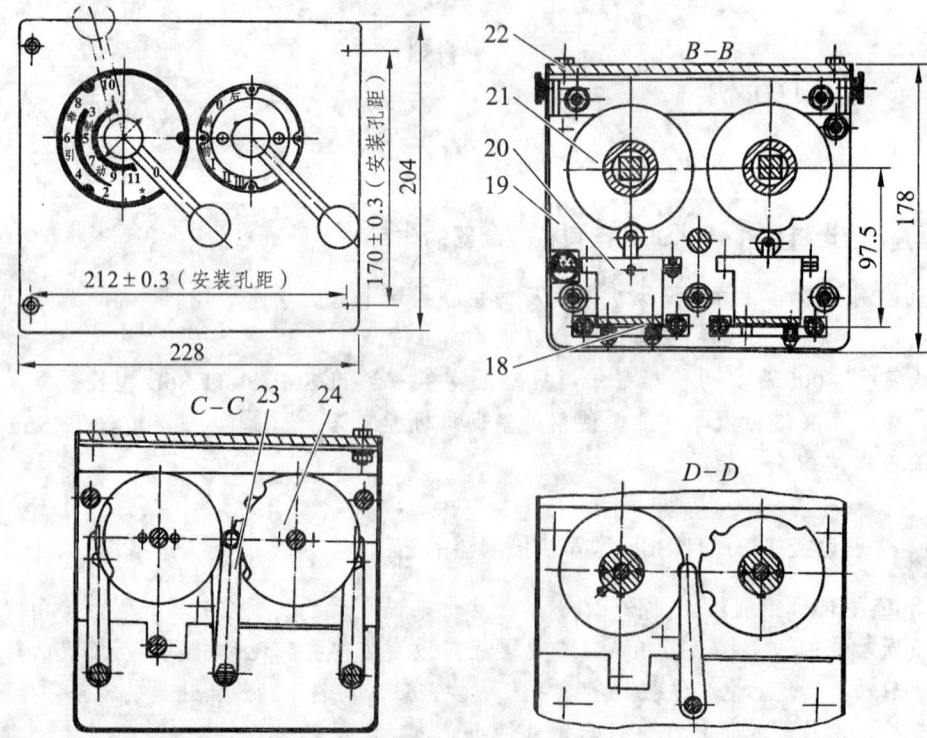

(b) TKS6E 型司机控制器结构图（A 向、B—B、C—C、D—D 视图）

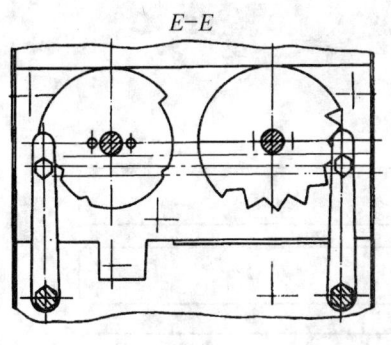
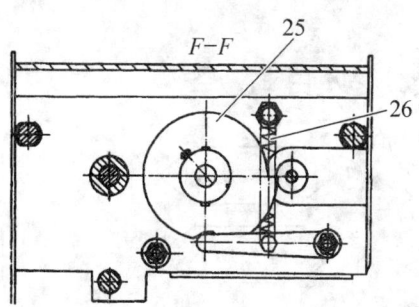
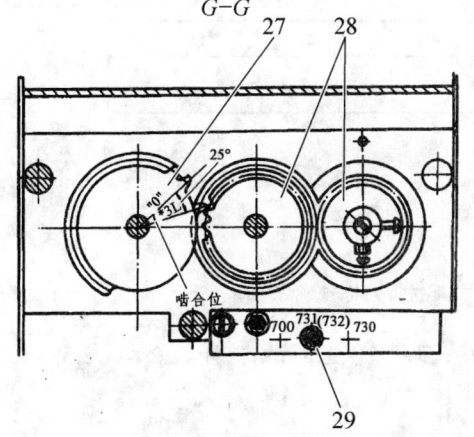
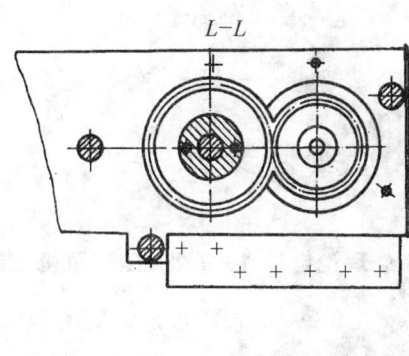

（c）TKS6E型司机控制器结构图（E—E、F—F、G—G、L—L视图）

图2.1　TKS6E型司机控制器结构图

1—插座；2—电位器；3—轴；4—中联轴器；5—弹簧；6、7—螺栓；8—支柱；9—滚花螺钉；10—支柱；11—支板；12—面板；13—标牌；14—调速手柄；15—限制件；16—换向手柄；17—标牌；18—调整垫片；19—基板；20—接触元件；21—凸轮；22—安装板；23—杠杆；24—棘轮；25—定位轮；26—弹簧；27—不完全齿轮；28—齿轮；29—接线端子

TKS6E型司机控制器的常见故障分析及处理方法：

（1）机械部分犯卡：主要原因有运动部件长期使用或乘务员操纵不当造成机械部件变形、磨耗，铜套旷动、杠杆抗劲、定位销位移折断，还有维护不良造成转动部分缺油卡滞。所以，应正确操纵手柄，特别是回手柄时不要用力太大，另外要加强保养检查，转动部分经常清洁补油。

（2）窜车：主要由电位器本身质量问题和电位器安装座松动，使电位器发生位移造成。所以，必须严把配件质量关，进正规、优质配件，确保安装工艺。

（3）联锁接触不良：主要原因有联锁本身质量问题和触点使用时间长产生黑皮，造成接触电阻增大，联锁开距、超程调整不当，焊接部分虚焊。所以，必须选择优质配件和检修时严格按工艺要求调整好联锁开距、超程，确保焊接良好。

三、项目实施的路径与步骤

（一）项目路径

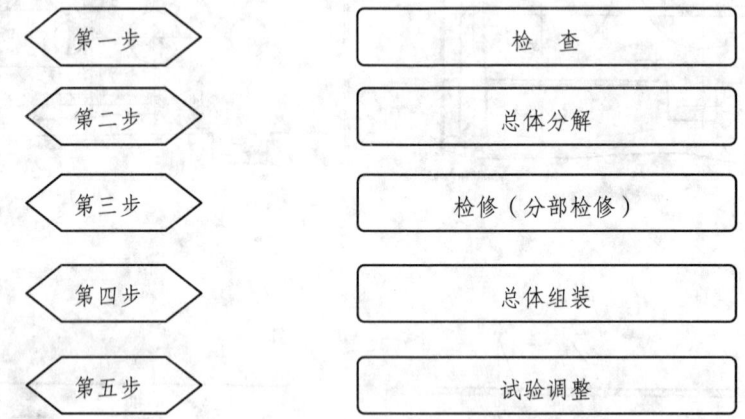

（二）项目步骤

  理论链接 1：TKS6E 型司机控制器基本技术参数

（1）输入直流 100 V、额定电流 10 A，触头超程 1~1.5 mm，开距 2×（2.5~3.5）mm，触点压力 14 N±2.0 N。

（2）转轴轴向窜动量≤1 mm。

（3）电气间隙的垂直爬电距离>3 mm，水平爬电距离>4 mm。

（4）各接触元件开闭应符合 TKS6E 型司机控制器触头闭合表。

（5）用 500 V 兆欧表测量各带电部分对地绝缘阻值≥10 MΩ。

（6）机械联锁要求：

① 换向手柄在"0"位时，调速手柄被锁在"0"位；换向手柄在"前""后""制"位时，调速手柄可以离开"0"位移至其他位；换向手柄在磁削"Ⅰ""Ⅱ""Ⅲ"位时，调速手柄可在牵引"7~10"位间移动，但不能移向 6 级位以下。

② 调速手柄在"0"位时，换向手柄才可在"0""制""前"各位间移动；调速手柄在牵引"7~10"位时，换向手柄可以移向磁削"Ⅰ""Ⅱ""Ⅲ"位。

（7）清洁度符合电力机车部件检修清洁度标准规定，达到Ⅱ级。

步骤一 检 查

解体前检查：各接触元件座有无裂损，触头开距、超程；机械联锁作用性能；转轴轴向窜动量；大小齿轮啮合；手柄与轴配合；手柄操作力是否符合要求，便于有针对性地进行检修。

步骤二 总体分解

（1）拆除给定电位器接线 730、731、700（730、732、700）及电位器 3 颗固定螺栓，松电位器传动齿轮紧定螺钉,取出电位器。

(2)拆除调速至换向棘轮之间的位置弹簧和定位弹簧。

(3)解体棘轮、定位轮、齿轮、牵引手柄等各部件。

(4)清洗:用清洗剂清洗凸轮、棘轮、齿轮、面板、杠杆、弹簧,达到规定的清洁度标准。

步骤三 检 修

1. 凸轮轴检修

(1)凸轮片不得有缺损、剥离,否则应更换相应的凸轮片。更换时应注意凸轮片的"0"记号位置和凸轮轴的组装尺寸,应符合调速轴、换向轴组装要求,凸轮片在轴上不允许松旷,可通过在轴与凸轮片之间加绝缘垫片塞紧。

(2)调速、换向轴轴向窜动量大或转动不灵活时,可拆下面板两颗 M8×18 及联锁安装板 M5×18 螺栓,取下面板,用增减转轴调整垫圈达到轴向窜动量的要求。

> **理论链接 2:换向鼓转轴结构**

1. 换向控制器

换向控制器主要由换向手柄、换向凸轮轴和接触元件等部件组成。

换向手柄有 7 个工作位置:"后"、"0"、"制"、"前"、"Ⅰ"、"Ⅱ"、"Ⅲ"。

换向凸轮轴上套装有 7 片不同缺口的酚醛布板凸轮,与相对应的接触元件对应动作,如图 2.2 所示。

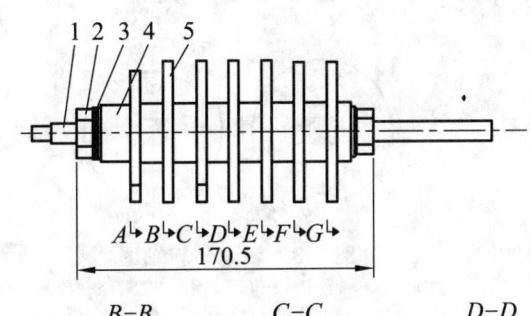

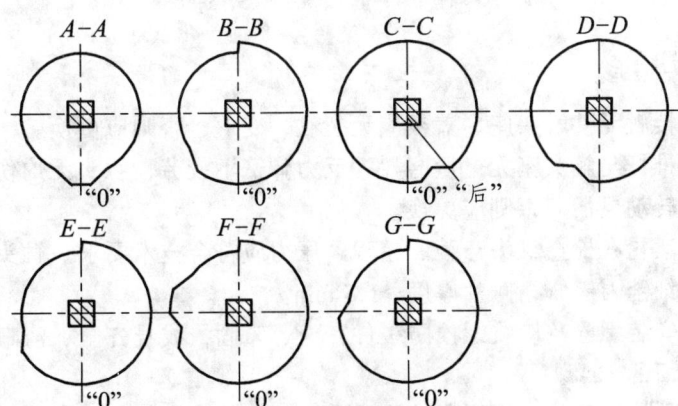

图 2.2 换向鼓转轴图

1—方轴;2—螺母;3—垫圈;4—酚醛纸管;5—凸轮

2. 调速控制器

调速控制器主要由调速手柄、调速凸轮轴和接触元件等部件组成。

调速手柄用来操纵机车的牵引、制动和运行速度，与换向凸轮轴相互设有机械联锁。在牵引工况下，顺时针沿着"0—*—2—4—6—8—10"等不同级位连续转动调节牵引力；在制动工况下，调速手柄也是顺时针沿着"0—11—9—7—5—3—1"等不同级位调节电阻制动力。

调速凸轮轴与换向凸轮的结构基本相同，只是凸轮缺口不同，如图2.3所示。

接触元件与换向控制器的接触元件相同，调速凸轮与相对应的接触元件对应动作。

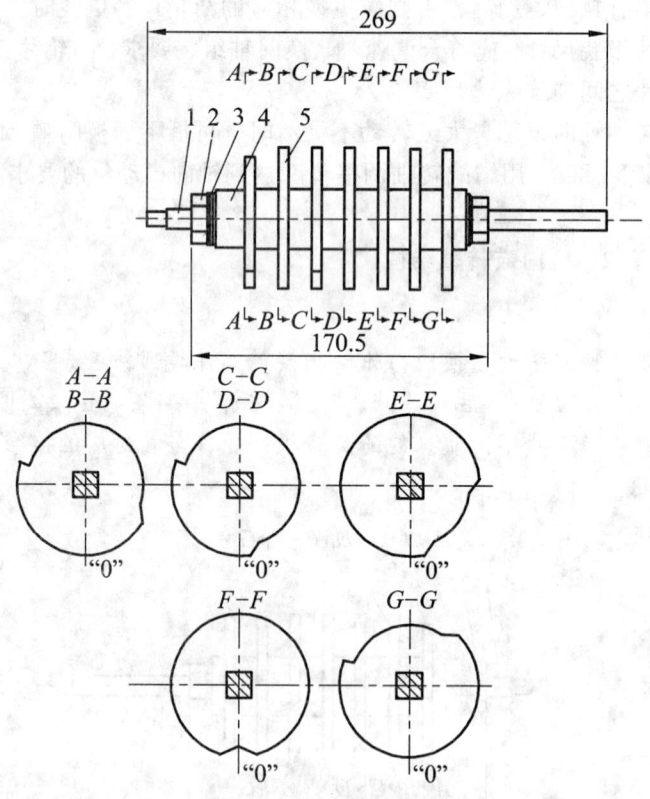

图2.3 调速鼓转轴图

1—方轴；2—螺母；3—垫圈；4—凸轮；5—酚醛纸管

2. 接触元件检修

（1）外观检查接触元件触头座、盖板应无裂纹、变形，否则应更换。

（2）接触元件推杆与触头座无过量磨耗，反力弹簧不疲劳，触头无灼伤、凹痕；滚轮轴销铆接良好，滚轮转动灵活，否则应更换。

（3）用手按压滚轮，检查触头开距、超程、压力应符合技术要求。触头氧化物可用砂布背面打磨，烧痕用细锉刀锉修，触片厚度≥0.5 mm。

（4）接触元件安装螺栓及接线螺栓防缓件齐全、紧固，线号齐全、清晰，接线头与导线件断股不大于原截面的10%。

（5）更换不良的接触元件，松开联锁接线和安装螺栓，取下联锁，解体联琐盒，清扫内部积尘，擦拭触头，组装后联琐动作可靠。

理论链接3：接触元件结构

接触元件采用单件滚轮推杆式双断点桥式结构。它通过换向凸轮中的凸部推动滚轮、推杆压缩反力弹簧，使动触桥与静触头闭合，其结构为盒式，如图2.4所示。接触组件由单件接触元件组合在支板上。

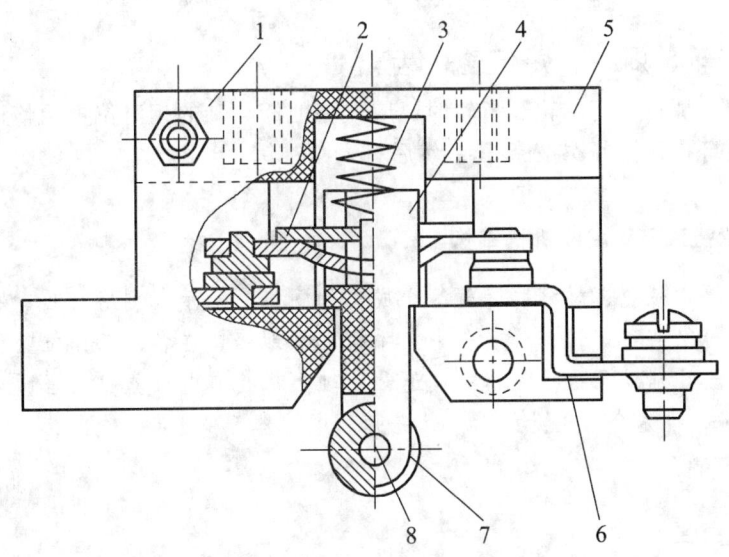

图2.4 接触元件结构结构图
1—盖板；2—动触桥；3—反力弹簧；4—推杆；5—触头座；6—静触头；7—滚轮；8—轴

3. 传动齿轮磨耗检查

齿形厚度小于原形的3/4时应更换。齿形无乱齿，有轻微磨损变形时，可用细锉刀修整。

4. 消除棘轮磨痕

严重磨耗应在焊补后锉修或更换，棘轮片与座不松动，铆接牢固，棘轮、定位轮与轴配合紧密，检查圆锥销无折损，紧定螺钉齐全、紧固。

5. 各杠杆与轴销、滚轮与轴销以及各轴套检查

各杠杆与轴销、滚轮与轴销，各轴套无过量磨耗，销套间隙≤0.5 mm。杠杆无变形，滚轮与轴销铆接牢固，转子转动灵活。

6. 位置、定位弹簧检查

位置、定位弹簧应无疲劳、变形、锈蚀，作用不良时应更换。

 理论链接4：机械联锁结构

为了防止司机可能产生的误操作，确保机车设备安全，在主司机控制器的两个手柄之间设有机械联锁装置。机械联锁装置的结构由定位轮、棘轮和滚轮式杠杆组成，如图2.1所示。

7. 定位装置检修

中联轴器与调速轴、大齿轮与中联轴器、定位轮与小齿轮轴销配合密贴，否则应重新配圆锥销。

8. 高速、换向铭牌检查

检查面板上调速、换向铭牌应清晰无损，安装正确，粘贴牢固、平整，否则应更换。

9. 更换转轴、棘轮、定位轮、齿轮

需更换转轴、棘轮、定位轮、齿轮时，应先将他们与轴的相对位置调整正确后，用紧固螺栓固定，才能打孔并铰好 $\phi 3$ 圆锥孔，然后打入圆锥销。

理论链接 5：定位机构结构

定位机构主要由棘轮、杠杆和弹簧等组成，如图 2.1 所示。利用有凹口的棘轮和有弹簧张力的滚轮式杠杆来实现定位，弹簧张力使手柄可靠地停留在各个工作位置上。

主司机控制器和辅助司机控制器的调速凸轮轴上都装有电位器 W_2，当调速手柄顺时针转动到达 "*" 位时，不完全齿轮开始啮合，并带动电位器 W_2 旋转，输出相应于指令的电压给电子柜相应插件板。

10. 检查插座

取下防尘罩，检查确认导线焊接牢固，导线无断股，芯间绝缘良好，卡箍作用可靠。

11. 更换电位器

电位器更换，其型号为 WX72-1-2.2 kΩ-5 W，用万用表 R×K 挡测量，电位器电阻值调节平滑，无断路、短路或接触不良现象。

步骤四　整体组装

1. 按解体相反顺序进行组装

（1）安装调速轴组装及换向轴组装；安装接触元件组面板、调速手柄。检查调速、换向轴轴向窜动量应≤1 mm，否则应加垫调整。检查各接触元件滚珠与相应凸轮片上、下接触偏差≤1mm。检查接触元件触头开距、超程应符合基本技术要求的规定，触头开距可通过调整接触元件座与安装座板间垫片厚度达到。

（2）定位联锁机构组装：装各棘轮、定位轮、弹簧，检查调整机械联锁作用应符合规定，并对各圆锥销、紧定螺钉进行紧固性检查。

（3）装齿轮、电位器。将换向手柄置于"前"或"后"位，调速手柄置于"0"位。电位器调至"0"位，即电位器中轴对地（700 线）阻值为 0 Ω。装电位器时，先定定位轮、齿轮的牵引"*"位，后定小齿轮、大齿轮（不安全齿轮）的位置，调速手柄从牵引"*"位顺时针转动时，不完全齿开始啮合并带动电位器旋转，使电位器开始"*"位阻值为"5~20 Ω"，终止位阻值约为 40 Ω 左右。调整好后，紧定电位器轴 M4×12 盘头螺钉时，不要动电位器轴。

（4）接好电位器 3 根外接线（731、730、700），用万用表 R×100 挡测量 731~700 线之间的电阻值应为 0 Ω，730~700 线之间的电阻值为 2.2 kΩ±5%，再将换向手柄置于"前"或"后"

调速手柄顺时针转动,测量 731~700 线之间的电阻值应由 0 Ω逐渐上升至 2.2 kΩ±5%。

(5)装好插座安装板螺栓,戴好防尘罩。组装后在棘轮、齿轮、定位轮、杠杆轴销、滚等处涂少量铁道脂。

(6)检查换向手柄限制件作用可靠,只能在"0"位取出或插入。

2. 绝缘检查

用 500 V 兆欧表测量控制器带电部分对地绝缘电阻值不小于 10 MΩ。

步骤五 试 验

1. 性能试验应符合基本技术要求

(1)接好试验台与司控器联接的插头,外接线应紧固,不得因接触不良而影响测试的准确性。

(2)打开电脑,选择司机控制器型号,进入试验程序,扳动手柄,检查各联锁开闭应符合闭合表。

理论链接 6:TKS6E 型司机控制器触头闭合表及两个手柄之间的机械联锁关系

1. TKS6E 型司机控制器触头闭合程序

TKS6E 型司机控制器触头的开闭关系是根据机车控制需要和机车控制电路的特点来决定的,司机控制器触头闭合程序如图 2.5 所示。

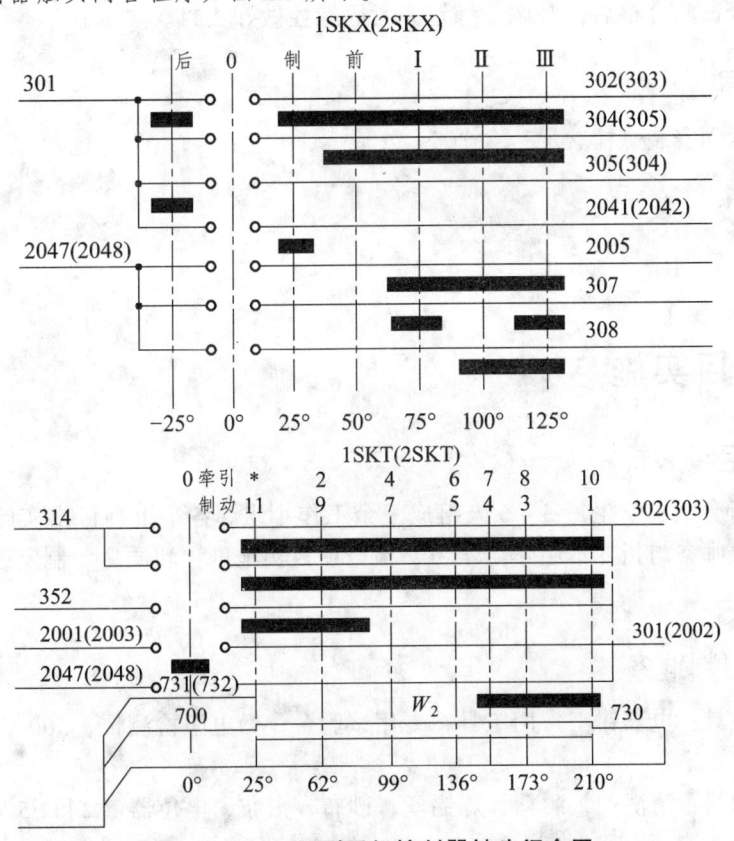

图 2.5 TKS6E 型司机控制器触头闭合图

2. TKS6E 型司机控制器两个手柄之间的机械联锁关系

为防止司机误操作,在主司机控制器的两个手柄之间设有机械联锁装置。两手柄之间的应满足以下联锁要求:

① 换向手柄在"0"位时,调速手柄被锁在"0"位。

② 换向手柄在"前"、"后"、"制"位时,调速手柄可以离开"0"位移至其他位,调速手柄一旦离开"0"位,换向手柄就被锁住。

③ 换向手柄在"Ⅰ"、"Ⅱ"、"Ⅲ"位时,调速手1SKX(2SKX)柄只可在牵引"7~10"级位间移动,不能移向"6"级位以下。

④ 调速手柄在"0"位时,换向手柄可在"后"、"0"、"制"、"前"各位间移动,但不能移向磁场削弱"Ⅰ"、"Ⅱ"、"Ⅲ"位。

⑤ 调速手柄在牵引"7~10"级位时,换向手柄可以移向磁场削弱"Ⅰ"、"Ⅱ"、"Ⅲ"位。

(3)各联锁接触后,接触电阻≤250 mΩ。

2. 绝缘介电强度试验

电位器回路带电部分对地施以 50 Hz、500 V,其余带电部分施以 50 Hz、1 100 V 正弦交流电 1 min,应无击穿、闪络现象。

3. 漆 封

司控器综合试验合格后,对调节螺钉和紧固螺栓做好漆封。

4. 装外罩

装外罩,紧固安装螺栓。

5. 刷 漆

对面板和外罩刷漆。

四、项目实施

1. 劳动组织形式

对学生进行分组:学生每 5~6 人组成一个工作小组,各小组制订出实施方案及工作计划,组长协助教师参与指导本组学生学习,检查项目实施进程和质量,制定改进措施,共同完成项目任务。

2. 工具材料准备

(1)作业工具:电器钳工常用工具,专用试验台,微电阻检测仪,500 V 兆欧表,数字万用表,电烙铁。

(2)作业材料:清洗剂,酒精,焊锡丝,砂布,白布,电位器 2.2 kΩ/5 W,TKY1 型接触元件,棘轮等。

(3)使用设备:司控器试验台,司控器检修平台。

3. 作业要求

(1)正确着装,穿戴好劳动保护用品。
(2)正确使用工、卡、量具。
(3)注意自身安全及他人安全,严禁违章作业。

4. 项目评价

按时间、质量、安全、文明、环保要求进行考核。学生按照表 2.1 进行项目考核评分,先自评,在自评的基础上,由本组的同学互评,最后由教师进行总结评分。

表 2.1 项目考核评价表

项目要求	考核标准	考核结果
(1)时间要求	(1)不超过规定时间	(1)有一项不符合要求不合格; (2)合格成绩为 60 分
(2)质量要求	(2)检修、维护质量符合标准	
(3)安全要求	(3)符合安全操作规程	
(4)文明要求	(4)做到文明"生产"	
(5)环保要求	(5)检修过程符合环保要求	
项目拓展		20 分
项目作业		20 分
成　绩		

注:如出现重大安全、文明、环保事故,则本项目(单元)考核记为不合格。

五、项目实施过程中可能出现的问题及对策

可能出现的问题:司控器检修完通电试验时,电位器输出电压不正确。
故障原因:
(1)接线错误;
(2)焊接点虚焊;
(3)电位器在组装过程中损坏。
采取措施:
(1)确认接线;
(2)重新焊接;
(3)更换电位器。

六、项目作业

完成TKS6E型司机控制器的检修与维护的学习任务单。

七、项目拓展

S640P型司机控制器的检修与维护

理论链接1：S640P司机控制器的作用

S640P司机控制器用作SS_{3B}型电力机车规范化司机室的主司机控制器。它利用控制电路的低压电器来间接控制主电路的电气设备，使司机操作既方便又安全。

与TKS6E司机控制器相比，S640P司机控制器具有结构简单、工作可靠、动作灵敏、操作力小、维修方便等优点，还具有夜间挡位显示功能。

理论链接2：S640P司机控制器结构

S640P司机控制器由换向鼓和调速鼓两个不同功能的鼓形控制器组成。它们主要由工况手柄、换向鼓转轴、调速手柄、调速鼓转轴、接触组件、面板、底板、支架、定位联锁机构、和电位器等部件组成，如图2.6所示。

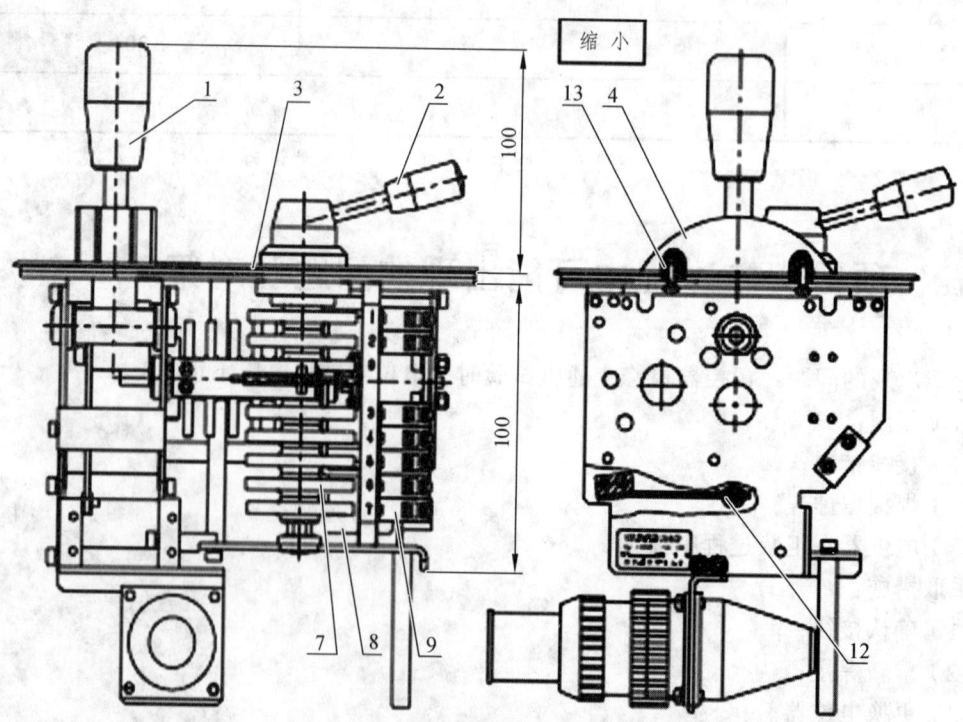

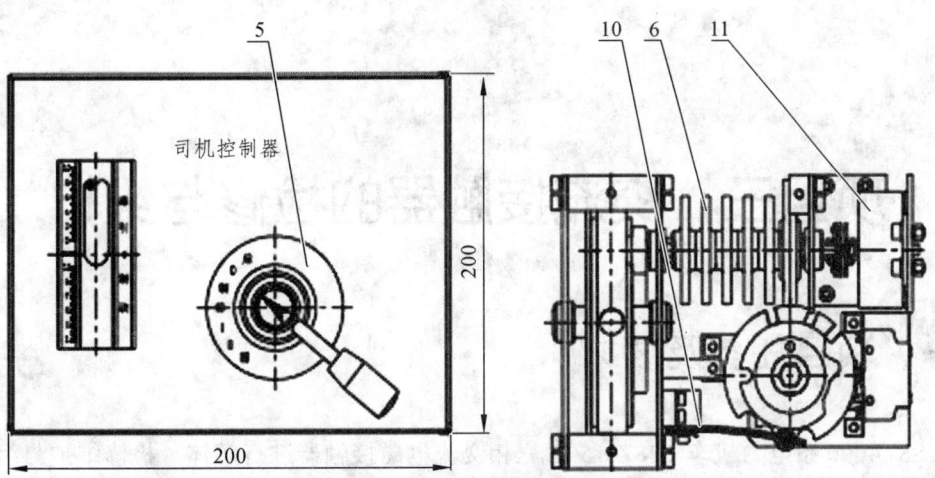

图 2.6　S640P 司机控制器结构

1—控制手柄；2—换向手柄；3—面板；4—挡位支座组件；5—发光片组件—80；6—控制凸轮组件；7—换向凸轮组件；8—逆变器 TGN-24A；9—速动开关 S826a/L；10—换向弹片组件；11—电位器 WDD65S-2SJ10（2.2K）；12—控制弹片组件；13—挡位支座紧固螺钉

 理论链接 3：S640P 司机控制器动作原理

司机根据列车运行要求，通过操作 S640P 司机控制器，将"前"、"制"、"0"、"后"运行工况，牵引工况"0—10"级，制动工况"11—1"，磁场削弱"Ⅰ、Ⅱ、Ⅲ"各种指令发送给 CCU（中央控制单元）→DCU（微机控制单元）→LCU（逻辑控制单元），控制继电器、接触器动作，使机车主电器动作，实现机车"牵引向前、牵引向后、制动工况控制、磁场削弱控制、调速控制"。

项目三　交流接触器的检修与维护

一、项目任务及要求

对 SS₃ 4000 系电力机车 CJ8Z-150Z 三相交流电磁接触器进行解体、检修维护与组装。
时间要求：教学学时 6 课时。
质量要求：符合成都铁路局电力机车电器检修质量验收相关标准和技术规程。
安全要求：严格按照安全操作规程进行项目作业。
文明要求：自觉按照文明生产规则进行项目作业。
环保要求：努力按照环境保护要求进行项目作业。

二、项目分析

接触器是用来接通或切断带有负载的主电路或大容量控制电路的自动切换电器。在电力机车上用于频繁地接通和切断正常工作情况下的主电路和辅助电路。

理论链接 1：接触器分类

（1）按接触器的传动装置分类。

按接触器的传动装置不同可分为电磁接触器和电空接触器。电磁接触器是采用电磁传动装置驱动的接触器。在电磁接触器中，又可分为直流接触器、交流接触器等。

采用电空传动装置驱动的接触器称为电空接触器。

（2）按通、断电流分类。

按通、断电流的不同可分为直流接触器和交流接触器。这里指的是主触头通、断电流的种类，它与传动装置无关。如主触头通、断的是交流电，则不管它采用的是直流电磁机构传动、交流电磁机构传动还是电空传动，都称为交流接触器。

理论链接 2：接触器分类

（1）按接触器主触头周围的介质分类。

按接触器主触头周围介质的不同可分为空气接触器和真空接触器。空气式接触器的主触头敞在空气中，采用的是一般常用的灭弧装置。真空接触器的主触头处在密封的真空装置中，采用真空灭弧装置，具有很强的切换能力。

（2）按接触器同一传动装置驱动主触头数量分类。

按接触器同一传动装置驱动主触头数量的不同可分为单极（只有一个主触头）接触器和多极（有多个主触头）接触器，分别用来控制单相或多相电路。

1. CJ8Z-150Z 三相交流电磁接触器

CJ8Z-150Z 型三相交流电磁接触器适用于交流 50 Hz、电压为 380 V 电路中负载的接通或断开，由触头系统和磁路系统两部分组成，采用平面布置。

CJ8Z-150Z 型接触器是 SS 系列电力机车应用最广泛的接触器，见表 3.1。

表 3.1

序号	机型	作用	数量	序号	机型	作用	数量
1	SS$_{3B}$ 4000 系	（1）控制劈相机电路	2	3	SS$_1$	（1）控制压缩机电动机电路	2
		（2）控制压缩机电动机电路	2			（2）控制劈相机电路	2
		（3）控制牵引通风机电动机电路	4			（3）控制起运电阻电路	1
		（4）控制制动通风机电动机电路	2			（4）控制电炉电路	2
		（5）控制起运电阻电路	1			（5）控制窗加热玻璃电路	2
		（6）控制主变压器油泵电动机电路	1			（6）控制主变压器电动机电路	1
		（7）控制主变压器通风机电动机电路	1			（7）控制通风机电动机电路	6
2	SS$_3$	同 SS$_{3B}$	共 13			（8）控制前照灯电路	2

2. 常见故障分析及处理方法

现将其故障现象、可能原因及处理方法列于表 3.2 中，以供参考。

表 3.2 接触器常见故障的产生原因和处理方法

序号	故障现象	产生原因	处理方法
1	接触器开合不灵	（1）机械可动部分被卡住 （2）摩擦力过大 （3）气隙中有阻塞 （4）磁极表面积尘太厚 （5）电空接触器漏风或风压不足	排除相应障碍即可
2	通电后不能完全闭合	（1）电源电压低于线圈额定电压 （2）触头弹簧与反力弹簧压力过大 （3）触头超程过大	（1）调整电源电压或更换线圈 （2）调整或更换弹簧 （3）调接触头超程
3	接触器关合过猛或线圈过热冒烟	电源电压过高	调整电源电压或更换线圈
4	断电后不释放	（1）反作用力太小 （2）剩磁过大	（1）调节或更换反力弹簧 （2）对直流接触器应加厚或更换新非磁性垫片，对交流接触器则应将去磁气隙处的极面锉去一部分或更换新磁系统

续表 3.2

序号	故障现象	产生原因	处理方法
4	断电后不释放	（3）触头熔焊	（3）撬开已熔焊的触头，或酌情更换新触头
		（4）铁心极面有油污或尘埃黏着	（4）清理磁极表面
5	铁心噪声过大或发生振动	（1）电源电压过低	（1）调节电源电压
		（2）铁心极面有脏物或锈层，或因过度磨损而不平	（2）清理极面，必要时可刮削修整或更换铁心
		（3）分磁环断裂	（3）焊接或更换分磁环
		（4）磁系统歪斜或机械卡住而使铁心吸不平	（4）排除机械卡住故障，更正工作位置
		（5）反作用力过大	（5）调节或更换弹簧
6	线圈过热或烧损	（1）电源电压过高或过低	（1）调整电源电压或更换线圈
		（2）线圈的通电持续率与实际情况不符	（2）更换与通电持续率相符的线圈
		（3）交流线圈操作频率过高	（3）降低操作频率或更换线圈
		（4）交流电磁铁可动部分卡住，铁心极面不平或去磁气隙过大	（4）排除卡住现象，清除极面或调整铁心
		（5）线圈匝间短路	（5）更换线圈
		（6）空气潮湿，含有腐蚀性气体或环境温度过高	（6）用特殊设计的线圈
		（7）交流电磁铁采用直流双线圈控制时，因常闭联锁触头熔焊而使启动线圈长期通电	（7）更换联锁触头，排除致使该触头熔焊的故障
7	接触器不闭合或正常情况下突然断开	（1）线圈引出线断裂	（1）焊好后可靠绝缘
		（2）线圈内部断线	（2）更换线圈
8	触头严重发热或熔焊	（1）操作频率过高或负载电流过大	（1）更换接触器
		（2）触头表面高低不平、生锈、积有尘埃或铜触头严重氧化	（2）清理接触面
		（3）超程过小或行程过大	（3）调整参数或更换触头
		（4）接触压力不足	（4）调整或更换弹簧
		（5）闭合过程中振动过于剧烈	（5）调整触头参数或更换接触器
		（6）触头分断能力不足	（6）调换合适的接触器
		（7）触头表面有金属颗粒凸起或异物	（7）清理触头表面
		（8）电源电压过低或机械卡住而使触头停滞不前或反复跳动	（8）调高电源电压，排除机械卡住故障，保证接触器可靠吸合

三、项目实施的路径与步骤

（一）项目路径

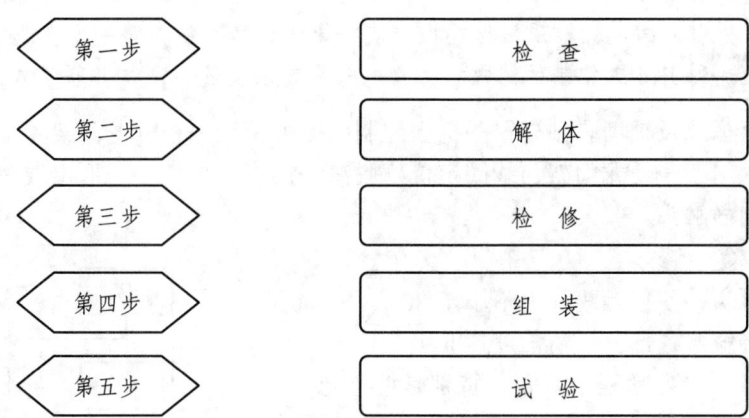

（二）项目步骤

 理论链接1：检修基本技术要求

（1）额定电压380 V，额定电流150 A，额定控制电压110 V，额定控制电流5 A。
（2）动作灵活，无卡滞。
（3）用500 V兆欧表测量绝缘电阻：
主触头对地>5 MΩ，主触头之间>5 MΩ，线圈对铁心>5 MΩ，辅助触头对地>5 MΩ，辅助触头之间>5 MΩ。
（4）三相触头通断一致。
（5）绕线规范，各部安装、接线牢固，触头接触良好。

 理论链接2：检修参数技术（见表3.3）

表3.3 检修参数技术

型 号	主触头						辅助触头	
	压力（N）	开距（mm）	超程（mm）	触头厚度（mm）			开距（mm）	超程（mm）
				原形	中修	禁用		
CJ8Z~150A	30~38	5~6	2.5~3.5	2	1	0.5	2.5~3.5	1.5~2.5

步骤一　检　查

解体前将电磁接触器放至电磁接触器试验台，进行外观检查。检查各连接线是否完好，各胶木件是否裂损，控制线圈有无局部过热。控制线圈接上额定电压，观察衔铁吸合及释放有无卡滞、延迟现象。

步骤二 解 体

 理论链接 3：CJ8Z-150Z 型三相交流电磁接触器灭弧系统

灭弧罩由高强度耐弧陶瓷制成，罩内有割弧栅片，分割电弧成短弧，每相还装有金属短弧片，可短接各触桥引出的电弧。采用这些措施使交流电弧尽可能在第一个半波过零点时熄灭。为了保证接触器达到 JK4 工作制的熄弧能力和电寿命要求，还在断口并联了 4 Ω 消弧电阻。

（1）拆下灭弧罩及辅助联锁外罩→拆去控制线圈外接线→松开龙门架 4 个固定螺丝→压紧线圈→上提龙门架→使龙门架与线圈定位槽脱离→用力外推铁心→取出线圈及铁心。

（2）取下动静触头。

步骤三 检 修

（1）锉修触头，使接触线长度不小于 80%。

（2）清扫接触器各部分，清洁度达 Ⅱ 级。

（3）检查低压接点超程、开距，特别是检查与保持线圈并联的常闭联锁，不应在接触器吸合过程中断开过早或断不开，可调整联锁盒与接触组间的垫片厚度达到。保持线圈与启动线圈接线，触片材料使用银氧化镉，如图 3.1 所示。

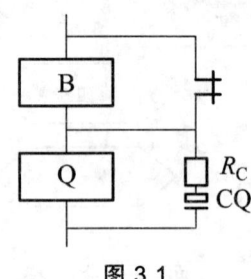

图 3.1

R_C—启动电阻，0.8 Ω；CQ—启动电容，470 μF/160 V

 理论链接 4：CJ8Z-150Z 型三相交流接触器的基本组成

磁路系统采用硅钢片叠装而成的 E 型铁心，可以减小磁滞和涡流损耗。在铁心的两端柱上设置短路环，用以减小交流吸力的脉动。整个磁系统采用弹性固定以提高机械寿命。

为满足电力机车直流控制的需要，CJ8Z-150Z 型接触器采用了双线圈结构，启动线圈和保持线圈的工作转换依靠接触器自身的一对常闭辅助触头来完成，如图 3.2 所示。为了使接触器在控制电源为 $0.7U_H$ 的低电压工况下能可靠工作，在启动线圈上并联了 470 μF 电容器，使吸力特性与反力特性配合良好。

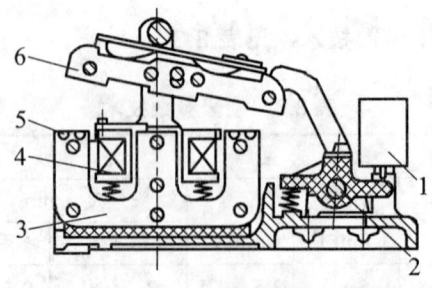

图 3.2 CJ8Z-150Z 接触器磁路系统简图

1—联锁触头；2—转轴；3—磁轭；4—线圈；5—短路环；6—衔铁

（4）检查触桥开距、超程、压力是否符合规定。

（6）开距、超程可通过调整开距调节棒的偏心位置，增减接触组与底座间垫片的厚度达到。

（7）压力调节可配合超程协调进行，无法兼得时，可更换合适的触桥弹簧。

（8）检查线圈有无过热变色、骨架无裂损，测量电阻值是否符合规定。

 理论链接5：CJ8Z-150Z型三相交流接触器的基本组成

触头系统包括灭弧罩、栅片、底板、转轴、底座、触头支持件、静触头、动触头、消弧电阻等，如图3.3所示。

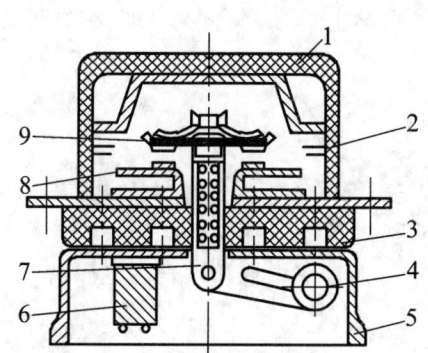

图3.3　CJ8Z-150Z接触器触头系统简图

1—灭弧罩；2—栅片；3—底板；4—转轴；5—底座；6—消弧电阻；7—触头支持件；8—静触头；9—动触头

步骤四　组　装

（1）组装按解体相反顺序进行。

（2）触头与灭弧罩不得相碰，接触器动作灵活、可靠，电压在77 V时能可靠工作，否则应检查有无卡滞处，若无机械卡滞，可检查、更换线圈。

（3）灭弧罩无破损，各部件无松动、损坏，转轴无窜动，检查磁路状态良好，接触面无污垢，E形铁心中柱极面应比两边柱板面低0.25 mm，衔铁与轴销间的运动灵活无卡滞。

（4）安装控制线圈、铁心及主触头要首先检查缓冲减震件齐全、完好，并紧固龙门架定螺栓。

（5）先装静触头，后装动触头，对装好的触头组，各触头应开断一致，闭合时动触头桥不能扭动。触头开距为5.5~6 mm，不符合此尺寸时，可调整龙门架偏止挡，动触头超程为3.2~3.8 mm，不符合要求时，应调整底板与底座间垫片的厚度。用测力计检测时，触头压力应为33.3 N±3.3 N，其大小和配合超程的调整协同进行。用复写纸检查动、静触头的接触面，应不小于接触线长度的80%。

（6）检查辅助联锁开距应为3~3.6 mm，动触点超程为1.8~2.6 mm，触点压力为1.41~1.73 N，若联锁触头点超程不符合要求，可调节联锁盒与底板间垫片的厚度。注意检查与保持线圈并联的常闭联锁，不应在接触器吸合过程中断开过早，以避免吸力不足，使衔铁产生反复弹跳。

（7）分别安装灭弧罩及联锁外罩，并检查灭弧罩与触头，不能碰撞。

步骤五　试　验

在具有风源及电源的专门试验台上进行整体试验。

在77~121 V电压下检查接触器开闭情况，闭合、开断均可靠正确，动作灵活，无卡滞现象，衔铁释放时，无严重回弹及线图无过热现象。检查主触头桥相辅助联锁触点，确保其开闭正确可靠，无卡滞，动、静触头无错位现象。

四、项目实施

1. 劳动组织形式

对学生进行分组:学生每 3~4 人组成一个工作小组,各小组制订出实施方案及工作计划,组长协助教师参与指导本组学生学习,检查项目实施进程和质量,制定改进措施,共同完成项目任务。

2. 工具材料准备

(1)作业工具:数字万用表,500 V 兆欧表,电器钳工工具。

(2)作业材料:触头,毛刷,酒精,白布。

(3)使用设备:0~150 V 可调直流电源检测台,工作台。

3. 作业要求

(1)正确着装,穿戴好劳动保护用品。

(2)正确使用工、卡、量具。

(3)注意自身安全及他人安全,严禁违章作业。

4. 项目评价

按时间、质量、安全、文明、环保要求进行考核,学生按照表 3.4 进行项目考核评分,先自评,在自评的基础上,由本组同学互评,最后由教师进行总结评分。

表 3.4 项目考核评价表

项目要求	考核标准	考核结果
(1)时间要求	(1)不超过规定时间	
(2)质量要求	(2)检修、维护质量符合标准	(1)有一项不符合要求不合格;
(3)安全要求	(3)符合安全操作规程	(2)合格成绩为 60 分
(4)文明要求	(4)做到文明"生产"	
(5)环保要求	(5)检修过程符合环保要求	
项目拓展		20 分
项目作业		20 分
成 绩		

注:如出现重大安全、文明、环保事故,则本项目(单元)考核记为不合格。

五、项目实施过程中可能出现的问题及对策

可能出现的问题:接触器组装完毕后,上试验台通电试验,出现打板现象。

故障原因：分磁环断裂。
处理方法：仔细检查分磁环状态，如断裂则更换分磁环。

 理论链接：分磁环

分磁环也称短路环，通电时，通过分磁环包围的磁通滞后于未被包围的磁通，各自形成的电磁吸力不同，二者之和在电流过零时不为零，如大于弹簧反力，就会出现打板现象。

六、项目作业

1. 完成交流接触器的检修与维护学习任务单。
2. 试做出 6C 系列交流接触器的检修与维护的项目分析及项目实施的路径与步骤。

 理论链接 1：6C 系列交流接触器的作用

6C 系列三相交流电磁接触器包括 6C110 和 6C180 两种，控制电压可以是直流也可以是交流，在机车上使用直流 110 V 作为控制电压。型号中的 110 和 180 分别为其分断的额定电流。6C110 型接触器用于油泵电动机和变压器风机电动机电路的控制，6C180 型接触器用于其他辅助电机及劈相机启动电阻电路的控制。

 理论链接 2：6C 系列交流接触器的结构

6C 系列三相接触器外形和线圈组件结构如图 3.4 所示。

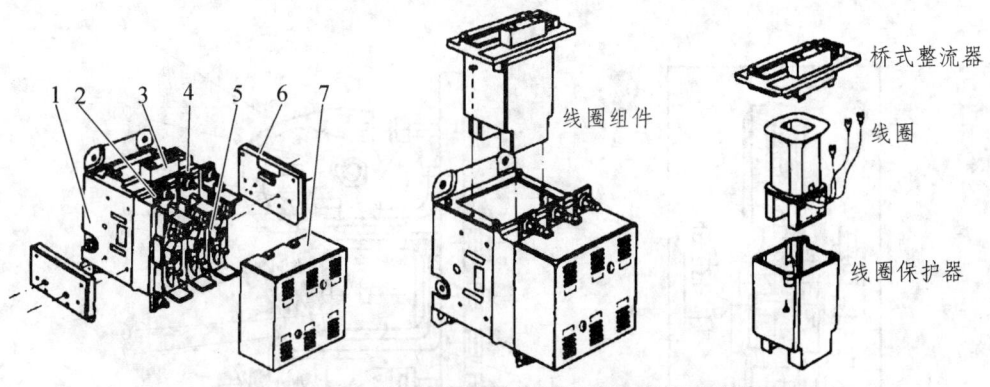

图 3.4　6C 系列三相接触器外形示意图及线圈组件图
1—底座；2—静触头；3—桥式整流器；4—接线柱；5—动触头；6—辅助触头；7—灭弧罩

6C 系列三相电磁接触器为直动式、立体布置、双断点结构。触头系统中的动触头为船形结构，因而具有较高的强度和较大的热容量。控制电路主要由桥式整流器和一个线圈构成，因而交流或直流控制电源均可使用。辅助触头安装在接触器外侧面，6C110 和 6C180 型接触器在外侧下方配置两个辅助触头组件，各有 3 组常开联锁触头和 3 组常闭联锁触头。

七、项目拓展

CZ5 型直流接触器的检修与维护

 理论链接 1：6C 系列交流接触器的技术参数（见表 3.5）

表 3.5 6C 系列交流接触器的技术参数

主触头	额定电压（V）	AC380
	额定电流（A）	250
	分断能力 A≤441 V 下	2 500
	接通能力（均方根值）A	2 500
辅助触头	额定电压（V）	DC 110
	额定电流（A）	1.5
	约定发热电流	15
控制线圈	额定电压（V）	DC 110
	20 ℃ 时线圈电阻	闭合：46±5%，吸持 1240±5%
	闭合电感 H	14.7

 理论链接 2：CZ5 型直流接触器

SS 系列电力机车在直流 110 V 控制电路中使用 CZ5-22-10/22 型直流电磁接触器，如图 3.5 所示。

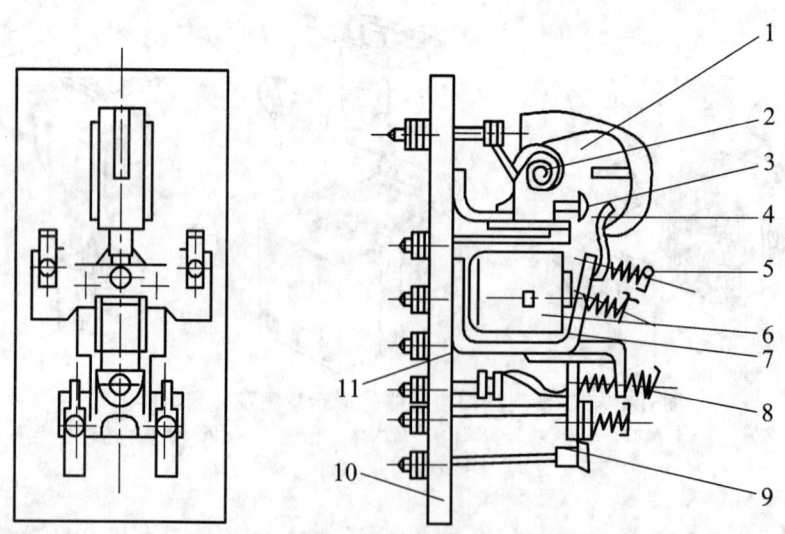

图 3.5 CZ5-22-10/22 型接触器结构简图

1—灭弧罩；2—吹弧线圈；3—主静触头；4—主动触头；5—触头弹簧；6—吸引线圈；7—衔铁；
8—反力弹簧；9—辅助触头；10—底板；11—磁轭

该型接触器主要由电磁系统、触头系统及灭弧系统3部分组成。电磁系统为拍合式结构，由圆形铁心、板形磁轭、衔铁、吸合线圈和反力弹簧等组成。衔铁绕磁轭的棱角转动。为了减少吸引线圈安匝数，以减小电磁结构尺寸，采用了具有极靴的铁心，选取小的气隙使磁阻减小；选取较大的杠杆比，从而使触头有较大的开距。为了避免由于剩磁带来的衔铁不释放现象，采用 0.1~0.2 mm 紫铜片装在衔铁上作为气隙。

CZ5 系列接触器的触头系统采用铜基指形主动触头，直接安装在衔铁上，并加有软辫线联接，主静触头为 T 形，与弧角一起装于支架上。

CZ5-22-10/22 型接触器为单极常开式，带有由串联的吹弧线圈和石棉水泥灭弧罩构成的磁吹灭弧装置，灭弧罩为迷宫式曲缝结构。常开辅助联锁触头在主触头的两侧，常闭辅助联锁触头在衔铁的另一端。

项目四　直流继电器的检修与维护

一、项目任务及要求

对 SS_3 4000 系电力机车 JT3-21/5 型时间继电器进行解体、检修维护与组装。
时间要求：教学学时 4 课时。
质量要求：符合成都铁路局电力机车电器检修质量验收相关标准和技术规程。
安全要求：严格按照安全操作规程进行项目作业。
文明要求：自觉按照文明生产规则进行项目作业。
环保要求：努力按照环境保护要求进行项目作业。

二、项目分析

 理论链接 1：继电器的定义

继电器是根据某种输入信号（输入量）接通或断开小电流控制电路，实现远距离自动控制和保护的自动控制电器。

在电力机车上，继电器用于控制电路中，具有控制、保护或转换信号的作用。

 理论链接 2：继电器的结构组成

对于有触点的继电器，从其结构组成方面可认为是由触头装置和传动装置（一般没有灭弧装置）组成。

 理论链接 3：继电器的原理组成

继电器根据外界输入的一定信号来控制相应电路中电流的"通"与"断"，一般由测量机构、比较机构和执行机构等部分组成，其原理组成方框图如图 4.1 所示。

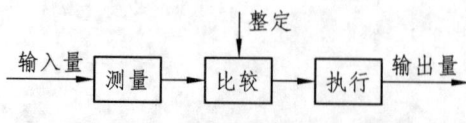

图 4.1　继电器原理组成方框图

测量机构是继电器接收输入量的装置，并将其转换成继电器工作所必需的物理量。例如，电磁型继电器的测量机构是线圈和铁心构成的磁系统。

比较机构的作用是将输入量（或转换量）与预设的整定值进行比较，根据比较结果决定执行机构是否动作，如电磁型继电器的反力弹簧等。

执行机构是反映继电器输出的装置，它作用于被继电器控制的相关电路中，以得到所必需的输出量。

 理论链接 4：继电器的工作原理

现以图 4.2 所示的有触点电磁式继电器为例，说明继电器的工作原理：

继电器由测量机构、比较机构、执行机构组成。它的电磁机构是测量机构，触头是执行机构。测量机构接收输入量（电流或电压等信号），并将其转变为继电器工作所必需的物理量（电磁吸力）；通过比较机构进行比较，当达到其动作参数或释放参数（电磁吸力大于或小于反力）时，促使执行机构动作（触头的闭合或开断），接通被其控制的电路，从而得到一个输出电压。

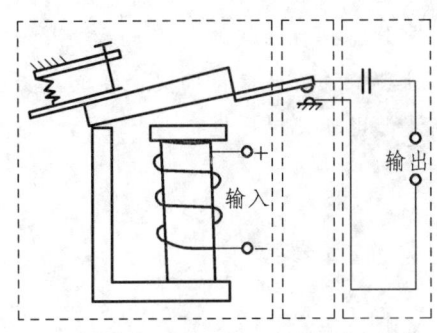

图 4.2 继电器工作原理图

 理论链接 5：继电器的继电特性

继电器的输入量与输出量之间有一特定的关系，这就是继电器最基本的输入-输出特性，亦称为继电特性。图 4.3 所示为具有常开接点继电器的继电特性，输入量用 X 表示，输出量用 Y 表示。由上述工作原理分析可见，继电器的继电特性是由连续输入、跃变输出的折线组成，只要某装置有该输入-输出特性就能称为继电器。图中 X_{dz} 称为继电器的动作值，X_{fh} 称为继电器的返回值。

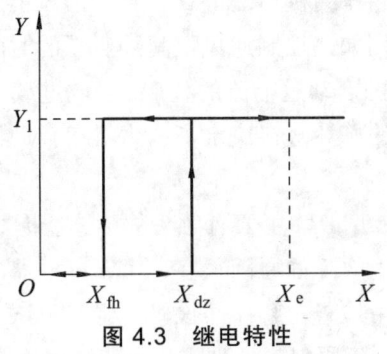

图 4.3 继电特性

理论链接 6：继电器的特点

（1）继电器触头容量小，一般采用点接触形式，没有灭弧装置，体积和重量也比较小。
（2）继电器的灵敏度要求极高，输入、输出量应易于调节。
（3）继电器能反应多种信号，如各种电量、速度、压力等，其用途很广，外形多样化。
（4）继电器不能用来开断主电路及大容量的控制电路。

理论链接 7：继电器的分类

继电器有很多种分类方法，下面仅根据目前电力机车上使用的情况来分类：
（1）按用途分类：控制继电器和保护继电器。
（2）按输入量的性质不同分类：电磁式继电器和机械式继电器。电磁式继电器的输入量是反应电量的继电器；机械式继电器的输入量是反应非电量的继电器。
（3）按执行机构的种类不同分类：有触点继电器和无触点继电器。
（4）按输入电流性质不同分类：直流继电器和交流继电器。
（5）按作用不同分类：电流继电器、电压继电器、时间继电器、中间继电器、压力继电器等。

理论链接 8：继电器的基本参数

（1）额定参数：额定电压、额定电流等。
（2）动作值（整定值）：使继电器吸合动作所需要的最小物理量的数值。
（3）释放值（返回值）：使继电器释放动作所需要的最大物理量的数值。
（4）返回系数：继电器输入量的释放值 X_{sf} 与动作值 X_{dz} 之比，用 K_m 表示。K_m 越接近于1，则继电器动作越灵敏，但抗干扰能力就越差。
（5）动作时间和释放时间：动作时间是指从继电器通电起，到所有触点达到工作状态止所经过的时间间隔。释放时间是从指继电器断电起，到所有触点恢复到释放状态止所经过的时间间隔。

JT3-21/5 型时间继电器作为控制电路中的时间控制环节，作衔铁延时释放用，广泛地应用于电力机车劈相机启动电路、压缩机启动电路、牵引通风机启动电路、制动通风机启动等电路中辅助机组的延时启动。例如，控制通风机间隔启动的时间继电器，使两台通风机间隔 3 s 启动，以避免同时启动带来的启动过电流的叠加，造成过载而使机车跳闸。因此，JT3-21/5 型时间继电器质量及工作状态的好坏直接决定了电力机车辅助机组是否能正常运转、机车是否能正常运行。

JT3-21/5 型时间继电器的常见故障主要有触头故障、线圈故障和磁路故障。

JT3-21/5 型时间继电器产生故障的原因很多，由于继电器的结构及安装位置等多种条件的限制，继电器的检修一般采用检查→解体→检修→组装→试验 5 个步骤进行。

JT3-21/5 型时间继电器的故障原因与处理方法见表 4.1。

表 4.1 故障原因与处理方法

序号	常见故障	故障原因	处理方法
1	触头故障	（1）由于触头的机械咬合、熔焊或冷焊而产生无法断开的现象。 （2）由于接触电阻变大和不稳定使电路无法正常接通的现象。 （3）由于负载过大或触头容量过小等引起触头无法分、合电路的故障。 （4）由于电压过高或触头开距变小而出现触头间隙重新击穿的故障。 （5）由于没有采用熄弧装置或措施，或参数选用不当而造成触头磨损，或产生不必要的干扰	（1）检查触点表面氧化情况和有无污垢。若触点有污垢，则用汽油清洗干净。铜质触点如有氧化层，可用油光锉锉平或用小刀轻轻地刮去其表面的氧化层。 （2）观察触点表面有无灼伤烧毛，铜触点烧毛可用油光锉或小刀整修，不允许用砂布来整修，但银触点烧毛可不必整修。 （3）触点如有熔焊，则应更换触点。若因触点容量不够而造成故障，则更换时应选容量大一级的电器。 （4）检查触点有无机械损伤而使弹簧变形，造成触点压力不够。如有，则应调整压力，使触点接触良好。检查触点有无松动，如有，应加以紧固，以防触点跳动
2	线圈故障	（1）由于温度的变化导致线圈温升超过允许值而引起线圈绝缘的损坏；由于潮湿而引起绝缘水平的严重降低；由于腐蚀而引起内部断线或匝间短路。 （2）由于线圈电压超过 110% 额定电压而导致线圈损坏。 （3）由于工具的碰伤而使线圈绝缘损坏，或引起线折断。 （4）由于线圈电压接错，线圈接到 220 V 的交流电源电压上使线圈烧坏	（1）线圈若因短路烧毁，则应更换线圈。 （2）如果线圈短路的匝数不多，短路点又在接近线圈的用头处，其余部分完好，则应正即切断电源，以免线圈被烧毁。 （3）若线圈通电后无振动力学噪声，则要检查线圈引出线连接处有无脱落，用万用表检查线圈是否断线或烧毁；通电后如有振动和噪声，则应检查活动部分是否被卡住，静、动铁心之间是否有异物，电源电压是否过低
3	磁路故障	（1）由于棱角和转轴磨损，导致衔铁转动不灵或卡死。 （2）由于机械磨损，或非磁性垫片损坏，使衔铁闭合后的最小气隙变小，剩磁过大，导致衔铁不能释放	（1）棱角和转轴磨损时，应更换棱角和转轴。 （2）可通过拆卸后整修，使铁心中柱端面与底端面间留有 0.02~0.03 mm 的气隙，或更换弹簧。 （3）应拆下线圈，检查静铁心之间的接触面是否平整，在无油污。若不平整，则应锉平或磨平；如有油污，则要用汽油进行清洗。若动铁心歪斜或松动，则应加以校正或紧固

三、项目实施的路径与步骤

（一）项目路径

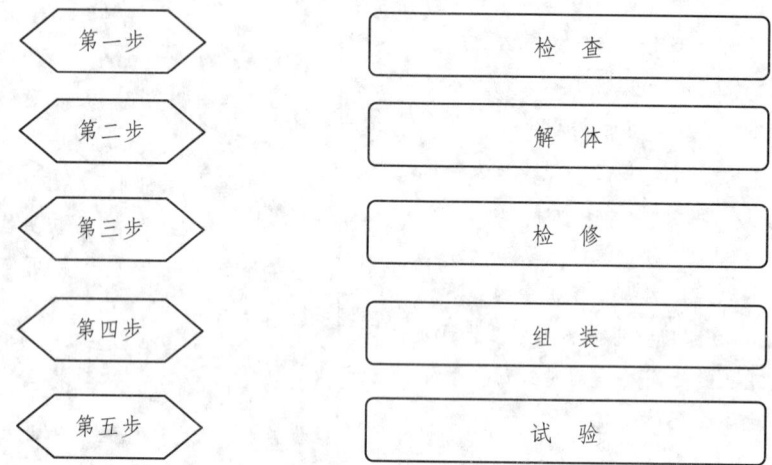

（二）项目步骤

 理论链接1：检修基本技术要求

（1）各部零件（含铭牌）应齐整，清洁度符合《电力机车部件清洁度标准》Ⅱ级。

（2）继电器动作电压值应在 88～121 V。

（3）继电器应动作灵活，无卡滞现象，触点、触桥接触良好，无烧痕。

（4）线圈无松动、过热、变形短路及开路，引出线端子无松动，线圈阻值应在 $644^{+8\%}_{-5\%}$ Ω。

（5）框架、衔头、导杆应无松动、裂纹、变形及过量磨耗，配合应良好。

（6）各部弹簧无变形，作用良好。

（7）JT3 时间继电器分为 3 个时间级：1 s（0.3～0.9 s）；3 s（0.8～3 s）；5 s（2.5～5 s）。

 理论链接2：技术参数

（1）触头：额定电流：10A

　　　开距：≥3.5 mm　　　超程：≥1.5 mm

　　　初压力：0.7 N　　　终压力：0.9 N

（2）线圈：额定电压：DC 110 V

　　　线径：ϕ0.18 mm　　匝数：6 750　　阻值：644 Ω

（3）SS_3 4000 系电力机车使用继电器整定值：5 s。

步骤一 检 查

理论链接：JT3-21/5型时间继电器的结构（见图4.4）

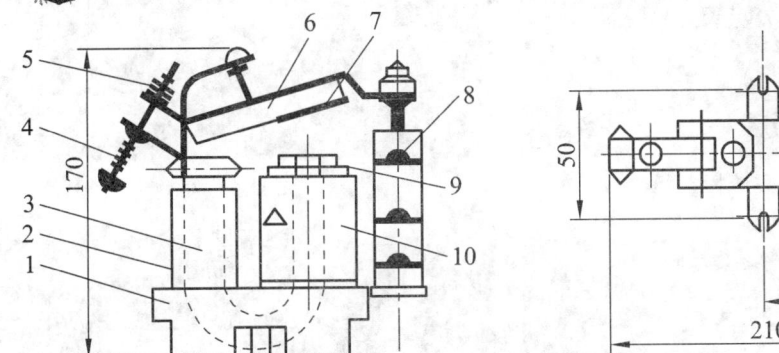

图4.4 JT3系列时间继电器结构简图
1—底座；2—阻尼铜套；3—铁心；4—反力弹簧；5—反力调节螺母；6—衔铁；
7—非磁性垫片；8—触头组；9—极靴；10—线圈

（1）解体前进行外观检查。
（2）解体前进行通电性能试验，如图4.5所示。

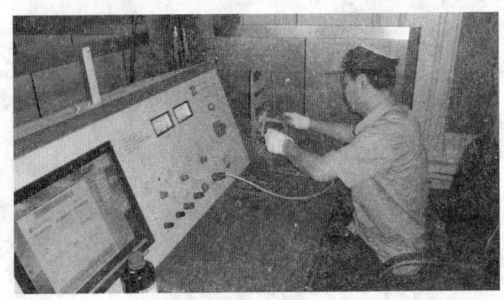

（a）通电检查　　　　　　　　　　　　（b）试验结果

图4.5 JT3-21/5型时间继电器解体前检查

步骤二 解 体

用工具按以下步骤解体：拆下触头组动杆上固定螺母→拆下衔铁定位螺丝母→取下反力弹簧固定螺母→取下衔铁→取下线圈固定螺丝→取下线圈→拆下触头组所在固定螺母→取下动、静触头，如图4.6所示。

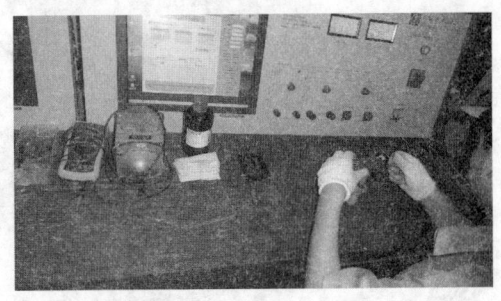

（a）拆下触头动杆固定螺母　　　　　　（b）拆下衔铁定位螺丝

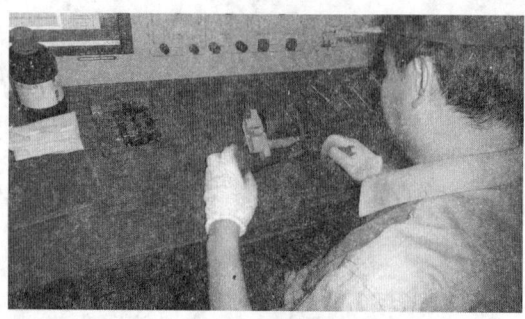 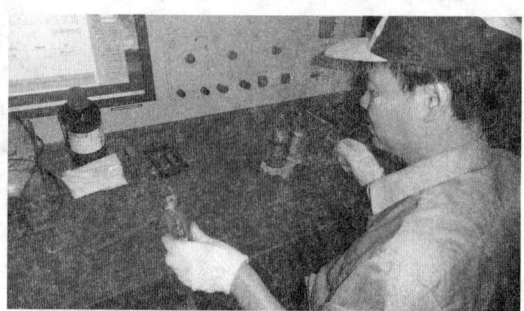

　　（c）取下反力弹簧固定螺母　　　　　　　（d）取下衔铁

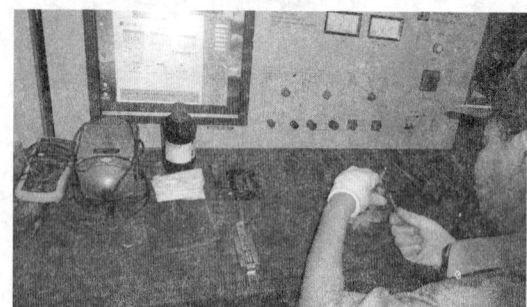 

（e）取下线圈固定螺丝

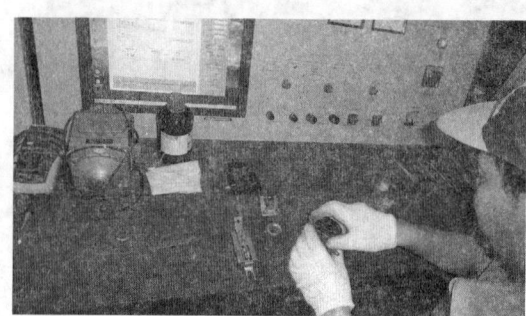 

　　（f）取下线圈　　　　　　　（g）拆下触头组所在固定螺母

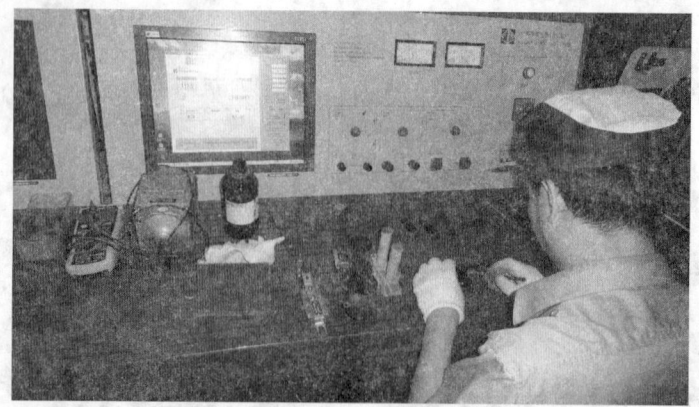

（h）取下动、静触头

图4.6　JT3-21/5型时间继电器解体

使用工具：电器钳工常用工具。
步骤三 检 修
（1）触头盒及导杆用酒精清洗、打磨，调整应符合规定。
（2）线圈检查、清扫，应符合规定。
（3）框架、衔铁等用酒精清洗、检查，应符合规定，如图4.7所示。

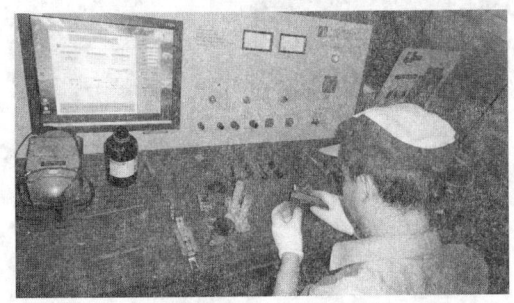
（a）触头的清洗、测量

（b）触头的打磨、调整

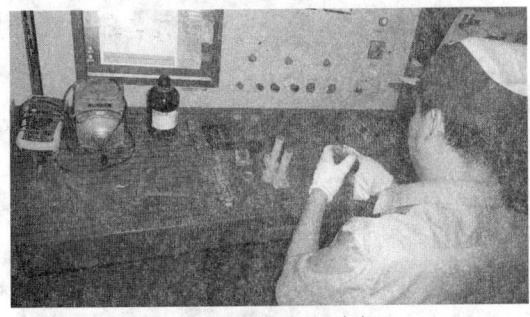
（c）线圈检查与清扫

（d）线圈的阻值测量

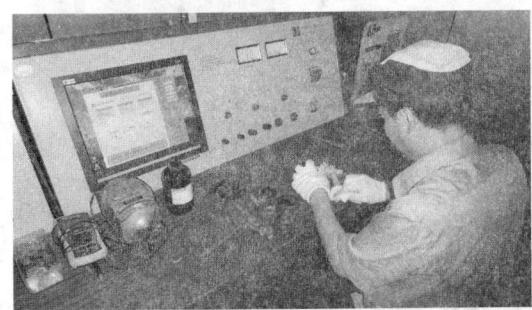
（e）框架、铁心的清洗

（f）框架、铁心的打磨

（g）衔铁的打磨、清洗

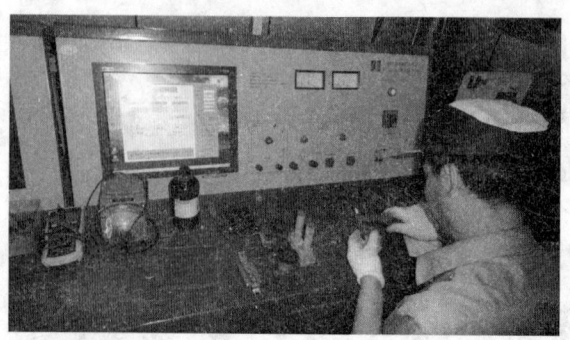

(h)反力弹簧的测量与调试

图 4.7 JT3-21/5 型时间继电器检修

注意事项及作业标准：

（1）触点、触桥接触良好，无烧痕。

（2）线圈无松动、过热、变形短路及开路，引出线端子无松动，线圈阻值应在 $644^{+8\%}_{-5\%}$ Ω。

（3）框架、衔头、导杆应无松动、裂纹、变形及过量磨耗，配合应良好，各部弹簧无变形，作用良好。

关键事项：清洁度Ⅱ级。

使用工具：电器钳工常用工具，数字万用表。

步骤四　组　装

组装是解体的反过程。延时时间的调整可通过调整非磁性垫片的厚度来实现。

注意事项及作业标准：触头接触线偏移不超过 1 mm，线圈安装牢固、可靠，继电器应动作灵活，无卡滞现象。

使用工具：电器钳工常用工具，卡尺。

步骤五　试　验

（1）在试验台上测试。

（2）用 500 V 兆欧表测各带电部分之间及对地间电阻值应大于 5 MΩ。

（3）用线路检测仪测试联锁触头接触≤100 mΩ。

（4）检修完的时间继电器调整部分螺栓应加漆封，如图 4.8 所示。

图 4.8 JT3-21/5 型时间继电器试验台测试

注意事项及作业标准：

（1）试验结果应符合基本技术要求。

（2）500 V兆欧表测各带电部分之间及对地间电阻值应>5 MΩ。
（3）联锁触头接触≤100 mΩ。
（4）调整部分螺栓应加漆封。

关键事项：联锁触头接触≤100 mΩ。

使用工具：电线路检测仪，数字万用表，试验台。

四、项目实施

1. 劳动组织形式

对学生进行分组：学生每3~4人组成一个工作小组，各小组制订出实施方案及工作计划，组长协助教师参与指导本组学生学习，检查项目实施进程和质量，制定改进措施，共同完成项目任务。

2. 工具材料准备

（1）作业工具：数字万用表，500 V兆欧表，电器钳工工具，如图4.9所示。

图4.9 JT3-21/5型时间继电器作业工具

（2）作业材料：触头，毛刷，酒精，白布。
（3）使用设备：0~150 V可调直流电源检测台，工作台，如图4.10所示。

图4.10 JT3-21/5型时间继电器试验台

3. 作业要求

（1）正确着装，穿戴好劳动保护用品。
（2）正确使用工、卡、量具。
（3）注意自身安全及他人安全，严禁违章作业。

4. 项目评价

按时间、质量、安全、文明、环保要求进行考核。学生按照表 4.2 进行项目考核评分，先自评，在自评的基础上，由本组的同学互评，最后由教师进行总结评分。

表 4.2 项目考核评价表

项目要求	考核标准	考核结果
（1）时间要求	（1）不超过规定时间	（1）有一项不符合要求不合格；
（2）质量要求	（2）检修、维护质量符合标准	（2）合格成绩为 60 分
（3）安全要求	（3）符合安全操作规程	
（4）文明要求	（4）做到文明"生产"	
（5）环保要求	（5）检修过程符合环保要求	
项目拓展		20 分
项目作业		20 分
成　绩		

注：如出现重大安全、文明、环保事故，则本项目（单元）考核记为不合格。

五、项目实施过程中可能出现的问题及对策

可能出现的问题：通电试验时，继电器延时时间超过 5 s。
故障原因：
（1）铜阻尼套损坏，截面过小；
（2）反力弹簧松紧度过松；
（3）非磁性垫片的厚度过小。
解决措施为：
（1）更换铜阻尼套；
（2）适度调紧反力弹簧松紧度；
（3）增加非磁性垫片，以增大厚度。

理论链接 1：延时时间的调节——阻尼套

延时时间的调节：
时间继电器的延时整定必须符合所选继电器相对应的时间等级范围，否则将不能保证延时精度。时间继电器不同延时时间等级之间的调节（又称大范围调节）可以用更换阻尼套的

办法来实现。时间继电器的延时等级取决于阻尼套的材质及参数。因为阻尼套中电流的衰减过程取决于阻尼套的时间常数 r，R 越小，r 就越大，电流衰减也就越慢，延时时间也就越长。因此，5 s 级的时间继电器一般采用大截面铜套以降低电阻值，3 s 级的时间继电器则用铝套或小截面铜套以增加电阻值。

理论链接 2：延时时间的调节——调节反力弹簧

调节反力弹簧：

此调节过程可以是连续而细微的，称为细调。在保持非磁性垫片的厚度不变的前提下，反力弹簧拧得越紧，反作用力就越大，延时时间就越短；反之则反作用力越小，延时时间越长。注意压紧弹簧程度不能影响最低电压吸合动作的可靠性，放松弹簧程度不能影响释放动作的可靠性和继电器的耐振性。

理论链接 3：延时时间的调节——调节非磁性垫片

调节非磁性垫片：

这种调节是阶梯形的，既不连续，也不能做微量调整，称为粗调。在保持反力弹簧不变的前提下，非磁性垫片越厚，磁路的气隙和磁阻就越大，相同磁势下产生的电磁吸力就越小，衔铁就越容易释放，故延时时间相应缩短；反之则延时时间相应延长。但非磁性垫片不能太薄或取消，太薄容易损坏而变成无垫片，无垫片将会发生继电器衔铁不能释放的现象。

六、项目作业

1. 完成直流继电器 JT3-21/5 型时间继电器的检修与维护的学习任务单。
2. 试做出直流继电器 JZ15-44Z 型中间继电器的检修与维护的项目分析及项目实施的路径与步骤。

理论链接 1：JZ15-44Z 型中间继电器的作用

JZ15-44Z/4 型中间继电器在控制电路中作为逻辑传递的一个环节，用于增加信号数量、量值放大和开闭逻辑状态转换。在 SS 系列电力机车使用最多的中间继电器就是 JZ15-44Z 型中间继电器。

1. JZ15-44Z 型中间继电器（见图 4.11）

（1）型号及含义。

JZ15-44Z：J—继电器；Z—中间；15—设计序号；44—4 常开、4 常闭接点数；Z—直流控制。

（2）作用。

中间继电器在电力机车上应用较广，该型继电器在电力机车直流控制电路中用来控制各种控制电器的电磁线圈，以使信号放大或用一个信号控制几个电路中的电器。

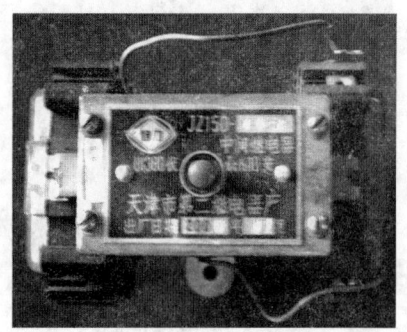

图 4.11

理论链接 2：JZ15-44Z 型中间继电器的组成

组成：JZ15-44Z 型中间继电器的结构如图 4.12 所示。

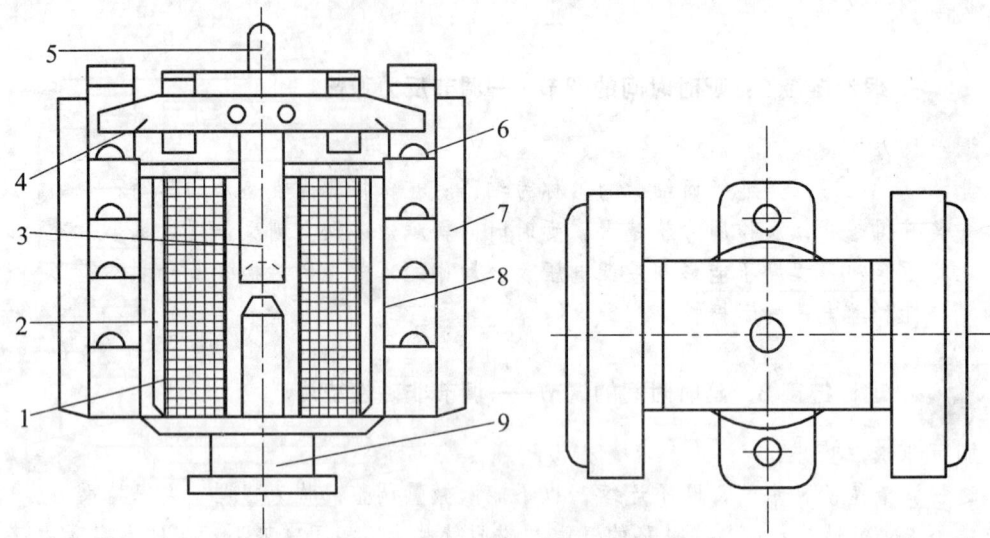

图 4.12　JZ15-44Z 型中间继电器结构简图
1—线圈；2—磁轭；3—铁心；4—衔铁；5—按钮；6—触头组；7—防尘罩；8—反力弹簧；9—支座

传动装置：由铁心、线圈铁、拉伸弹簧、衔铁、手动按钮组成。

触头装置：共 8 对双断点桥式银点触头，分别布置在磁轭两侧。两个触头盒中的常开常闭接点数应对称布置。触头系统采用永磁钢吹弧，以提高触头直流分断能力。小型化的永磁钢嵌装在静触头的下部，采用无极性布置法，可以加强直流电弧的拉长，实现吹弧的目的。

该型继电器的接点容量为 10 A。

 理论链接 3：JZ15-44Z 型中间继电器主要技术参数

1. 触　头

额定电流：10 A；

开距：≥2.5 mm；超程：≥1.5 mm；初压力：0.2 N；终压力：0.9 N。

2. 线　圈

额定电压：DC 110 V；线径：ϕ0.16 mm；匝数：13 100；阻值：1 000 Ω。

七、项目拓展

TJJ2-18/21 型接地继电器的检修与维护

 理论链接 1：TJJ2-18/21 型接地继电器的作用

SS_3 型 4000 系、SS_{3B} 型电力机车上使用 TJJ2-18/21 型电磁式继电器作为主电路接地继电器，对主电路进行接地保护。

 理论链接 2：TJJ2-18/21 型接地继电器的结构组成

它主要由控制装置、恢复装置和机械联锁装置 3 部分组成，如图 4.13 所示。控制装置和恢复装置都有各自独立的磁系统，两者通过钩子和扭簧组成的机械联锁装置联系。继电器组装在由酚醛玻璃纤维压制成的底板上，外面装有防尘的有机玻璃透明外罩。

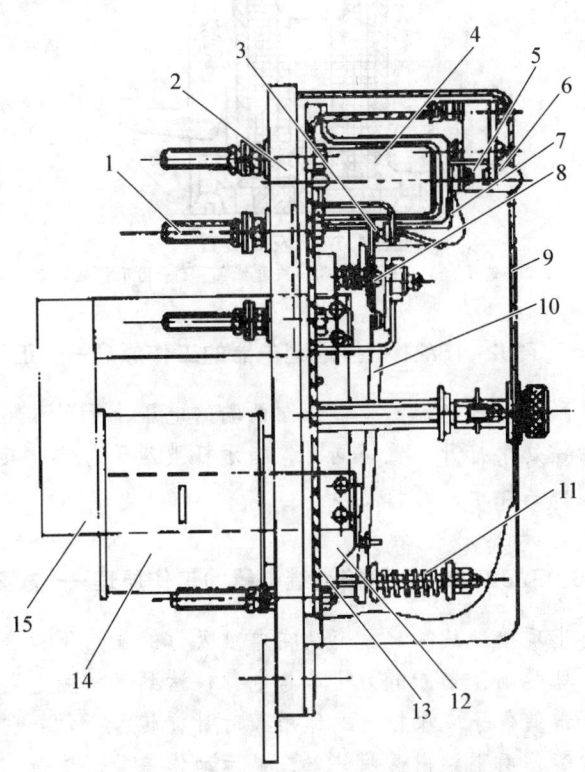

图 4.13 TJJ2 系列接地继电器结构简图

1—接线端子；2—底板；3—主触头；4—恢复线圈；5—联锁触头；6—指示器；7—钩子；8—扭簧；9—外罩；10—衔铁；11—反力弹簧；12—支座；13—非磁性垫片；14—吸引线圈；15—铁心

 理论链接 3：TJJ2-18/21 型接地继电器结构组成——控制装置

控制装置部分由磁系统、反力弹簧和触头系统组成。磁系统为拍合式直流电磁铁，铁心由方钢制成，其上带有吸引线圈，衔铁为 4 mm 厚的钢板。触头系统为双断点桥式结构，包括一对常开主触头、一对常闭主触头和一对常开联锁触头。主触头由衔铁控制，联锁触头由指示杆带动。

 理论链接 4：TJJ2-18/21 型接地继电器的结构的组成——恢复装置

恢复装置部分主要由指示杆、指示杆显示动作弹簧及恢复指示杆的螺管式电磁铁等组成，如图 4.14 所示。

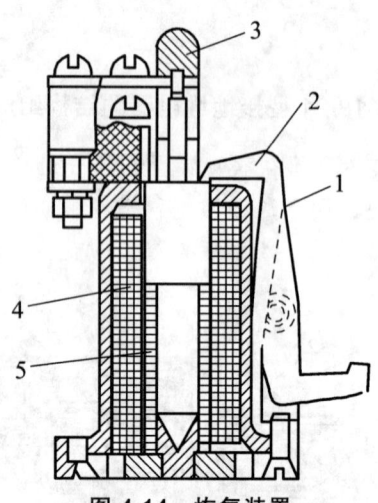

图 4.14 恢复装置

1—扭簧；2—钩子；3—指示杆；4—恢复线圈；5—指示杆显示动作弹簧

理论链接 5：TJJ2-18/21 型接地继电器的工作原理——正常工作情况

正常工作时，主电路接地继电器的吸引线圈两端的电压小于动作值，控制电磁铁产生的电磁吸力小于反力，衔铁处于打开位置。同时，指示杆被钩子勾住，其涂红漆的顶部被压在透明外罩内，常开联锁触头处于打开位。

理论链接 6：TJJ2-18/21 型接地继电器的工作原理——故障情况

当电力机车主电路出现接地故障时，衔铁在电磁吸力的作用下吸合动作，带动主触头切换有关电路，使主断路器跳闸，切断电力机车总电源，达到保护主电路的目的。与此同时，衔铁压迫钩子的尾部，迫使钩子克服扭簧的作用顺时针旋转，指示杆脱扣，并使其涂红漆部分在指示杆显示动作弹簧作用下跳出透明外罩，显示动作信号，这是一种机械信号。同时，常开联锁触头也随之闭合，在司机台上显示相应的电信号。

理论链接 7：TJJ2-18/21 型接地继电器的工作原理——恢复情况

当主电路接地故障消除时，衔铁在反力弹簧的作用下恢复原位，但指示杆发出的机械信号仍保持，常开联锁触头仍处于闭合状态，故司机台上的电信号也仍然保持。

故障处理完毕后，如机车需要继续投入运行，司机按下"主断路器合"按钮，给恢复线圈短时通电，将指示杆吸入罩内，指示杆重新被钩子压住，机械信号消失，联锁触头断开，司机台上的电信号也随之消失。这样，继电器就为下一次工作做好了准备。

理论链接 8：TJJ2-18/21 型接地继电器的技术参数

1. 触　头

额定电流：5 A；开距：≥4 mm；超程：≥1.5 mm；

初压力：0.9 N；终压力：1.4 N。

2. 吸引线圈

线径：0.29 mm；匝数：4 000；阻值：$120^{+8\%}_{-5\%}$ Ω。

3. 恢复线圈

线径：0.12 mm；匝数：3 000；阻值：$205^{+8\%}_{-5\%}$ Ω。

4. 整定值

ZJDJ：$18\times(1\pm5\%)$ V。

项目五　交流继电器的检修与维护

一、项目任务及要求

对 SS3 4000 系电力机车 JL14-20J/5 型交流继电器进行解体、检修维护与组装。
时间要求：教学学时 4 课时。
质量要求：符合成都铁路局电力机车电器检修质量验收相关标准和技术规程。
安全要求：严格按照安全操作规程进行项目作业。
文明要求：自觉按照文明生产规则进行项目作业。
环保要求：努力按照环境保护要求进行项目作业。

二、项目分析

SS 系列电力机车采用 JL14 型交流电流继电器进行原边过流保护和辅助电路过流保护。SS_3 型 4000 系电力机车选用额定电流 5 A 的 JL14-20J/5 型交流继电器与高压电流互感器（200/5 A）配合对主变压器原边电路进行过流保护，选用额定电流 1 200 A 的 JL14-20J/1200 型电流继电器直接对辅助电路进行过流保护。

JL14-20J/5 型交流继电器磁系统是由呈角板形的磁轭、固定在磁轭上的圆形铁心及平板形衔铁组成，如图 5.1 所示。衔铁绕磁轭棱角支点转动而成拍合式动作。磁系统上部衔铁一端装有反力弹簧，继电器不通电时，衔铁借助于反力弹簧的反力而打开。磁系统的右侧安装有触头组，触头支架与衔铁支架相连，并由衔铁带动触头开闭。

改变非磁性垫片的厚度，可调节继电器的电流释放值；改变反力弹簧的压力，可调节继电器动作电流的整定值。

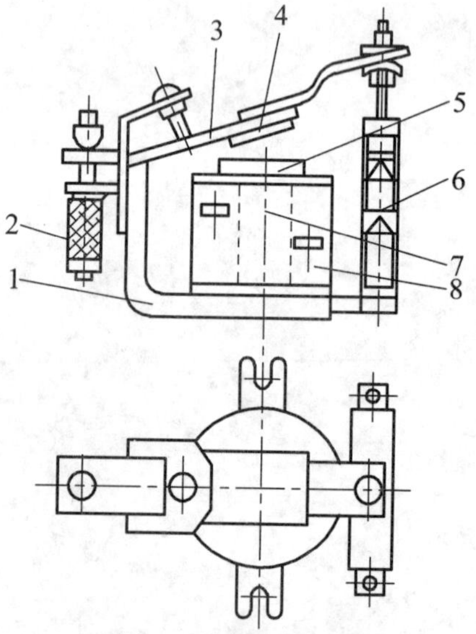

JL14-20J/5 型交流继电器常见故障主要有触头故障、线圈故障和磁路故障。

JL14-20J/5 型交流继电器产生故障的原因很多，由于继电器的结构及安装位置等多种条

图 5.1　继电器结构简图
1—磁轭；2—反力弹簧；3—衔铁；4—非线性垫片；
5—极靴；6—触头组；7—铁心；8—线圈

件的限制，继电器的检修一般采用检查→解体→检修→组装→试验5个步骤进行。

三、项目实施的路径与步骤

（一）项目路径

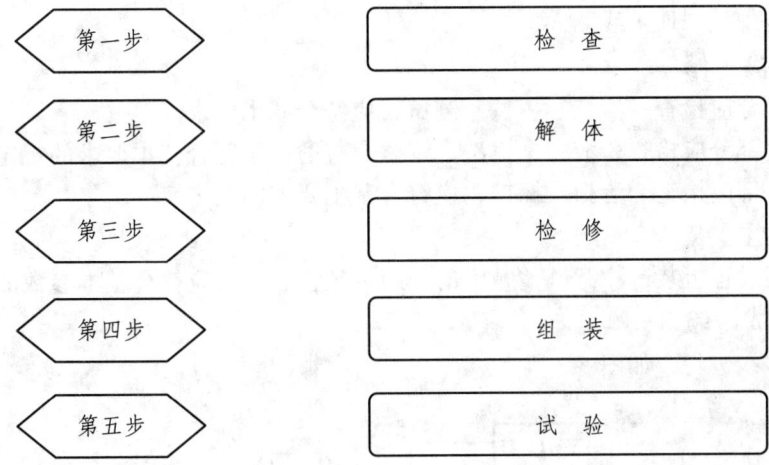

（二）项目步骤

 理论链接1：检修基本要求

（1）各部（含铭牌）清洁度符合《电力机车部件清洁度标准》。
（2）继电器应动作灵活，无卡滞现象，触点、触桥接触良好，无烧痕。
（3）线圈无松动、过热、变形，测量YGJ线圈阻值 $0.417^{+8\%}_{-5\%}$ Ω。
（4）各框架、衔铁、导杆应无松动、裂纹、变形及过量磨耗，配合应良好。
（5）各部接线紧固、无损伤。
（6）各部弹簧无变形，作用良好。

 理论链接2：基本参数

1. 触　头
额定电流：5 A；开距：≥2.5 mm；超程：≥1.5 mm；压力：≥0.25 N。
2. 线　圈

	额定电流	匝数	阻值（n）
YGJ	5×（1±5%）A	216	$0.47^{+8\%}_{-5\%}$

3. 整定值

YGJ：10×（1±5%）A。

步骤一 检 查

解体前进行外观检查及通电试验。

步骤二 解 体

拆下触头盒→取下衔铁定位螺丝→拆下反力弹簧双螺母，取下反力弹簧及衔铁→FGJ 取下线圈底座固定螺丝→取下线圈。

步骤三 检 修

（1）线圈部分应检查、清扫、擦拭、测试，应符合基本要求。

（2）触头盒部分应检查、清扫、擦洗、调整、打磨，应符合基本要求的规定。

（3）其余各部应检查、清扫、擦拭，应符合基本要求的规定。

步骤四 组 装

按解体的反过程组装，注意调整触头的开距、超程、压力应符合基本参数的规定。

步骤五 试 验

YGJ 按图接线进行，如图 5.2 所示。

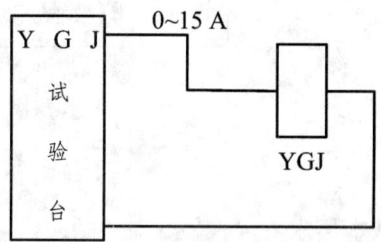

图 5.2 试验接线图

（1）性能试验，试验结果应符合整定值的规定，如不符合规定，则可调节反力弹簧或空气气隙来达到。试验值应测试 3 次，取平均值。

（2）绝缘性能试验。

① 用 2 500 V 兆欧表测量主电路各带电部分，对地绝缘值应大于 10 MΩ。

② 用 500 V 兆欧表分别测量辅助电路和控制电路部分，对地绝缘电阻值应大于 5 MΩ。检修完毕后的继电器应予以漆封。

四、项目实施

1. 劳动组织形式

对学生进行分组：学生每 3~4 人组成一个工作小组，各小组制订出实施方案及工作计划，组长协助教师参与指导本组学生学习，检查项目实施进程和质量，制定改进措施，共同完成项目任务。

2. 工具材料准备

（1）作业工具：数字万用表，500 V兆欧表，电器钳工工具。
（2）作业材料：触头，毛刷，酒精，白布。
（3）使用设备：0～150 V可调直流电源检测台，工作台，数字万用表、500 V兆欧表、电器钳工工具。

3. 作业要求

（1）正确着装，穿戴好劳动保护用品。
（2）正确使用工、卡、量具。
（3）注意自身安全及他人安全，严禁违章作业。

4. 项目评价

按时间、质量、安全、文明、环保要求进行考核。学生按照表5.1进行项目考核评分，先自评，在自评的基础上，由本组的同学互评，最后由教师进行总结评分。

表 5.1　项目考核评价表

项目要求	考核标准	考核结果
（1）时间要求	（1）不超过规定时间	（1）有一项不符合要求不合格； （2）合格成绩为60分
（2）质量要求	（2）检修、维护质量符合标准	
（3）安全要求	（3）符合安全操作规程	
（4）文明要求	（4）做到文明"生产"	
（5）环保要求	（5）检修过程符合环保要求	
项目作业		40分
成　绩		

注：如出现重大安全、文明、环保事故，则本项目（单元）考核记为不合格。

五、项目实施过程中可能出现的问题及对策

可能出现的问题：通电试验时，继电器衔铁粘住不放。
故障原因：E形铁心中，两侧铁心的磨耗过大，使中柱铁心的气隙消失。
解决措施：
（1）用圆锉打磨两侧铁心，与中柱铁心尺寸一致。
（2）更换E形铁心。

六、项目作业

1. 完成 JL14-20J/5 型交流继电器的学习任务单。
2. 试做出 JL14-20J/1200 型交流继电器的检修与维护的项目分析及项目实施的路径与步骤。

理论链接：JL14-20J/1200 型交流继电器

JL14-20J/1200 型继电器与 JL14-20J/5 型的结构基本相同，如图 5.3 所示。根据励磁的需要，它的电磁系统由磁轭和分磁板组成矩形框架，吸引线圈就是穿过矩形方柜的方形铜排母线，由它取代铁心骨架。分磁板的作用是将短路或过载电流产生的磁通分为相位不同的两部分，以保证铁心对衔铁的合成吸力，并使其保持在一定的范围内，消除过零点，从而减小交流电磁铁处于闭合状态时的振动和噪声。

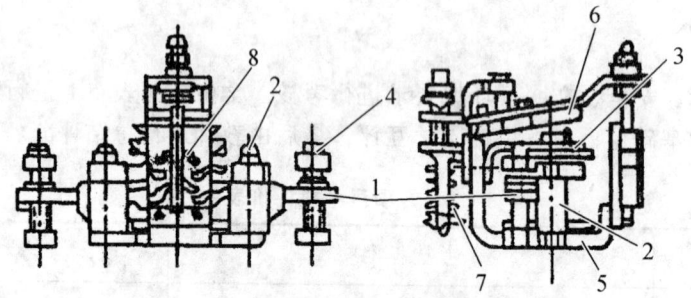

图 5.3　JL14-20J/1200 型继电器结构简图
1—磁轭；2—反力弹簧；3—衔铁；4—非线性垫片 5—极靴；6—触头组；7—铁心；8—线圈

项目六　电空接触器的检修与维护

一、项目任务及要求

对 SS_3 4000 系电力机车 CJ8Z-150Z 三相交流电磁接触器进行解体、检修维护与组装。
时间要求： 教学学时 8 课时。
质量要求： 符合成都铁路局电力机车电器检修质量验收相关标准和技术规程。
安全要求： 严格按照安全操作规程进行项目作业。
文明要求： 自觉按照文明生产规则进行项目作业。
环保要求： 努力按照环境保护要求进行项目作业。

二、项目分析

SS 系列电力机车使用 TCK 系列电空接触器。用来接通和开断牵引电机电路的称为线路接触器，SS_3 型 4000 系、SS_{3B} 型电力机车使用的是 TCK7-600/1500 型线路接触器，额定电流 600 A，额定电压 1 500 V。用于励磁电路的称为励磁接触器，SS_3 型 4000 系、SS_{3B} 型机车采用 TCK7C 型励磁接触器，额定电流 600 A，额定电压 1 500 V。用在磁场削弱电路中的称为磁场削弱接触器，SS_3 型 4000 系、SS_{3B} 型电力机车使用 TCK7B-600/1500 型磁场削弱接触器，额定电流 600 A，额定电压 1 500 V。磁场削弱接触器不开断强负载电路，故没有吹弧系统和灭弧罩（使用晶闸管无级磁削的机车无磁削接触器）。

理论链接 1：TCK7-600/1500 型电空接触器的结构

TCK7—600/1500 型电空接触器由传动系统、触头系统和灭弧系统 3 大部分组成，如图 6.1 所示。整个接触器的导电部分和气缸传动部分通过绝缘杆连接后，用左右侧板固定构成一个整体。

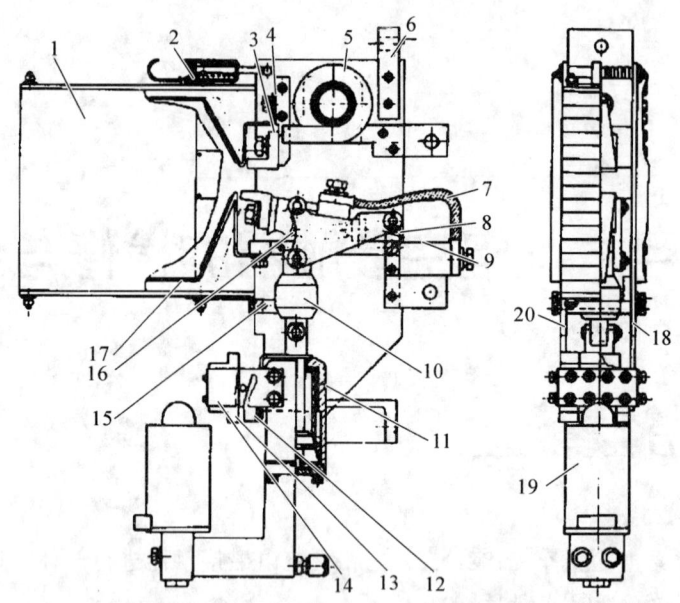

图 6.1　TCK7-600/1500 型电空接触器

1—灭弧罩；2—挂钩；3—静触头；4—静触头弧角；5—吹弧线圈；6—安装杆；7—软联线；8—杠杆出线座；9—杠杆支架组装；10—绝缘杆；11—传动气缸；12—联锁板；13—联锁触头；14—联锁支架；15—灭弧室支板；16—动触头弹簧；17—动触头弧角；18—右侧板；19—电空阀；20—左侧板

 理论链接 2：TCK7-600/1500 型电空接触器的结构——传动系统

传动系统由传动气缸（见图 6.2）、电空阀、绝缘杆等组成。传动气缸通过绝缘杆将活塞杆与杠杆支架下端部相连。杠杆支架呈三角形，由两块黄铜板铆接而成，其上 3 点分别用圆柱销与绝缘杆、动触头座及安装支架相连。动触头座的一端与动触头弹簧接触，另一端与动触头固装在一起。

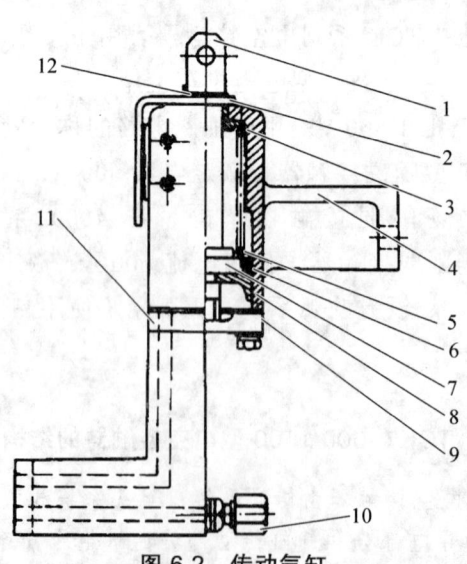

图 6.2　传动气缸

1—杆；2—联锁板座；3—铜套；4—气缸体；5—返回弹簧；6—毛毡；7—活塞杆；8—皮碗；9—密封垫；10—管接头；11—气缸盖；12—止推垫圈

理论链接 3:TCK7-600/1500 型电空接触器——电空阀

电空阀是一种通过电磁力来控制空气管路的通与断,从而远距离控制气动装置的电器。

电空阀的种类很多,按电磁机构的型式的不同可分为拍合式和螺管式;按组装方式的不同可分为立式和卧式;按作用原理的不同可分为开式和闭式;按气阀的形式不同可分为两位两通和两位三通阀。

 理论链接 4:电空阀的结构

TFK 型电空阀采用螺管式电磁铁,立式安装,是两位三通闭式电空阀,如图 6.3 所示。

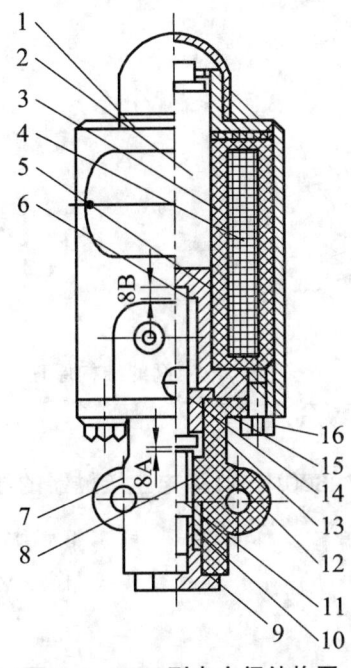

图 6.3 TFK 型电空阀结构图

1—磁轭;2—动铁心;3—紫铜套;4—线圈;5—静铁心;6—心杆;7—阀座;8—阀杆;9—下盖;10—弹簧;
11—下阀门;12—上阀门;13—密封套;14、15—O 形圈;16—压圈

TFK 型电空阀的电磁机构由磁轭、静铁心、动铁心、线圈和心杆等组成。气阀部分由阀座、上阀门、下阀门、阀杆、压圈、密封套、密封圈、阀弹簧和下盖等组成。二位三通阀气阀部分的排气口不直接通大气,而采用集中排气方式,所以气阀与电磁机构结合部的气密程度要求很高。

 理论链接 5:电空阀的原理

1. 闭式电空阀

闭式电空阀是电力机车上应用较多的一种,其结构原理如图 6.4(a)所示。工作原理:

当线圈有电时,衔铁吸合,阀杆动作,使上阀门关闭,下阀门打开,关断了传动气缸和大气的通路,打开了气源和传动气缸的通路,压缩空气从气源经电空阀进入传动气缸,推动气动器械动作;当线圈失电时,衔铁在反力弹簧作用下打开,带动阀杆上移,使下阀门关闭,上阀门打开,关断了气源和传动气缸的通路,打开了传动气缸与大气的通路,传动气缸的压缩空气经电空阀排向大气,气动器械恢复原状。

2. 开式电空阀

开式电空阀的结构原理如图6.4(b)所示,它是在线圈失电时,使气源和传动气缸打开,大气和传动气缸关闭的阀。

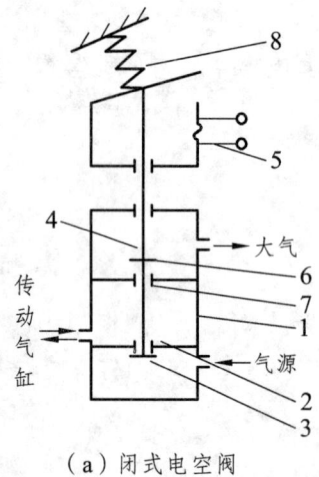

图6.4 电空阀的结构原理

1—阀体;2—下阀门;3—阀块;4—阀杆;5—电磁铁;7—上阀门;8—反力弹簧

 理论链接6:TCK7-600/1500型电空接触器的结构——触头系统

触头系统包括主触头和联锁触头两部分。主触头为L形,采用线接触形式。动、静触头弧角分别安装在弧角支架和静触头座上。联锁触头采用TKY1型盒式桥式双断点结构,安装于传动气缸上的联锁支架上。

 理论链接7:TCK7-600/1500型电空接触器的结构——灭弧系统

电空接触器的灭弧方式为横缝螺圈式。

灭弧系统包括灭弧罩、灭弧角、磁吹线圈及磁吹铁心等部件。

灭弧罩由13块Π形石棉水泥制成的灭弧板以及用同样材料制成的两块盖板叠装在一起,用包有聚酯薄膜的螺杆将它们紧固而成,如图6.5(a)所示。在每块Π形灭弧板上,间隔装有U形及H形的分弧角,在盖板上分别装有上固定板和下固定板,通过下固定板和挂钩将灭弧罩与接触器本体连接在一起。

左、右吹弧线圈并联后,分别与静触头座和上引出线焊装在一起。在吹弧线圈中装有铁心,线圈两端用左右侧板夹紧,这样就组成了电空接触器的吹弧系统,如图6.5(b)所示。

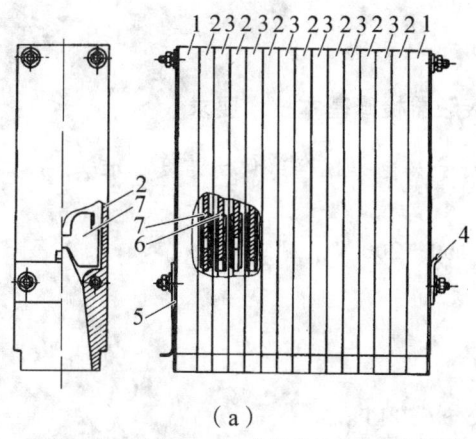
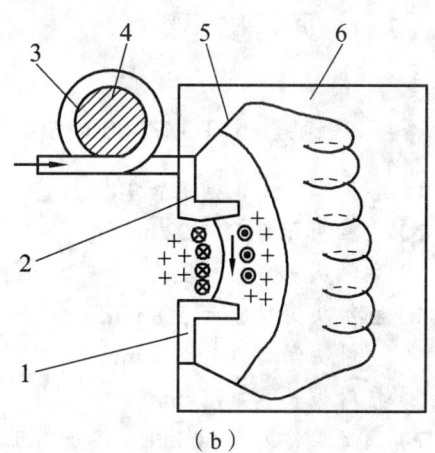

（a） （b）

1—盖板；2.3—灭弧板；4—上固定板；5—下固定板；
6.7—弧角

1—动触头；2—静触头；3—吹弧线圈；4—铁心；
5—弧角；6—灭弧罩。+、+—灭弧线圈磁场；
⊕⊕ ○○—电弧磁场

图 6.5 灭弧罩装置

TCK7-600/1500 型电空接触器的常见故障主要有触头系统故障、传动装置故障、灭弧系统故障，其中，触头系统、灭弧系统故障与电磁式接触器基本一样，传动系统故障主要是由于皮碗老化等原因造成风缸漏风和风压不足，风缸内积存油污造成风路堵塞。处理方法是清洗风缸，更换老化龟裂的皮碗。

三、项目实施的路径与步骤

（一）项目路径

第一步　检查

第二步　解体

第三步　检修

第四步　组装

第四步　试验

（二）项目步骤

 理论链接：TCK7-600/1500 型电空接触器检修基本技术要求

（1）各部零件（包括铭牌）应齐整，清洁度符合《电力机车部件清洁度标准》。
（2）主触头开距 18～22 mm。
（3）主触头压力：初压力 60～85 N，终压力 160～200 N。
（4）主触头滚动应大于 8 mm。
（5）主触头滑动 0.5～1.5 mm。
（6）接触线长度≥25 mm。
（7）额定工作风压 50 kPa，能正常工作在 375～650 kPa。
（8）传动气缸行程 22～24 mm。
（9）电空阀额定电压 110 V，能正常工作在 88～121 V。
（10）触头接触线长度不小于 80%。
（11）动静触头左右偏移不大于 1 mm。
（12）用 2 500 V 兆欧表测试主电路对地绝缘电阻值不小于 5 MΩ。
（13）框架、动静触头、导杆应无松动、裂纹、严重过热及过量磨耗，配合良好。
（14）各部弹簧无变形、失去弹力等。
（15）各部紧固，无明显损伤。
（16）联锁触头额定电压 DC 110 V，额定电流 DC 15 A，开距 3～3.5 mm，压力≥3.2 N，厚度应在 1.3～1.6 mm。
（17）主触头厚度原形 3.0 mm，中修≥1.5 mm，≤1.0 mm 禁用。
（18）主触头额定电压 DC 1 500 V，额定电流 DC 600 A（TCK7），DC 1 000 A（TCK7F）。

步骤一　检　查

（1）解体前用手取下灭弧罩进行外观检查。
（2）放置工作台接入风管进行动作性能试验。

步骤二　解　体

按如下步骤解体：拆下电空阀→拆下联锁支架→拆拉杆与活塞穿销，风缸下盖取出皮碗、活塞、弹簧→拆导弧角、动静触头→拆灭弧室支板→拆左右侧板。

工具使用：电器钳工常用工具、卡尺、线路检测仪

步骤三　检　修

（1）将风缸、活塞、弹簧用汽油清洗，然后用清洁棉布擦拭，禁用棉纱、砂布。各部有老化、损坏、疲劳或弹簧发生放电痕迹时，应更换。

注意事项：禁用棉纱、砂布清洗，清洁度Ⅲ级。

（2）低压联锁清洁。应打磨调整，联锁触头接触良好，无卡滞（可在活动关节处涂适量机油）、顶裂或打不开等现象。辅助触头厚度不小于原形的 1/3，应在 1.3～1.6 mm 范围，接触良好，有适当压力和超程。

注意事项：用线路检测仪测量低压联锁触头接触电阻应≤100 mΩ。

（3）触头表面被电弧烧伤时，应予整修，必须用细锉锉修，注意保持触头表面的曲率；锉光后用细布擦净，严禁用砂布清理触头，动、静触头接触线长度不小于80%；触头片厚度小于1.5 mm的应更换；软连线断股不能超过原形（中修5%，辅修10%）。

注意事项：动、静触头接触线长度不小于80%，触头片厚度小于1.5 mm的应更换。软连线断股不能超过原形（中修5%，辅修10%）。

（4）灭弧装置检修、高压空气清扫。灭弧罩不得有裂纹及严重缺损。将碳化的部分或金属层用砂纸清洁干净。壁厚不得小于原形的1/2。严重烧伤者应予更换。灭弧线圈安装应牢固，不得有短路、断路及裂纹，匝间距离不小于0.5 mm，表面绝缘脱落时应予涂漆。灭弧栅片被电弧烧损时，需打磨，严重时应予更换。灭弧角应清洁，不得有裂损、变形及铜瘤，不得与灭弧室壁相碰。

注意事项：灭弧角清洁时不得与灭弧室壁相碰。

（5）各绝缘件表面清洁。有被电弧烧损时应将碳化层清洁干净，并涂绝缘漆，并不得有裂纹、烧痕及松动，触头压力弹簧无裂损及疲劳现象。

注意事项：清洁度Ⅱ级，触头压力弹簧无裂损及疲劳现象。

（6）风动机构检修。风缸、活塞无裂纹、变形及拉伤，更换皮碗。

注意事项：风缸、活塞无裂纹、变形及拉伤，更换皮碗。

步骤四　组　装

组装过程是解体过程的反过程，组装时气缸内注入适量的蓖麻油或涂润滑脂。

组装传动风缸后，开通风源，手控动作10~20次，检查风缸各部分动作状态、电空阀、风缸及风管接头，应无泄漏。用卡钳及钢板尺测量活塞行程，应为22~24 mm。

装上动、静触头及触动弹簧后，手动开闭10~20次，用复写纸检查其接触偏差，应不大于2 mm，接触线长度不应小于80%，接触时滚动距离不小于8 mm，滑动距离应为0.5~1.5 mm。

辅助联锁及联锁板安装牢固正确，滚轮及活动关节部应涂以适量润滑油。灭弧罩安装后，检查触头与灭弧罩间隙，应不小于2 mm。用手柄灭弧罩挂钩，挂钩弹簧行程2~5 mm，不符合要求时，调节调整螺母，测量灭弧罩与导弧角间隙，应不小于0.5 mm。

注意事项：各联锁片与联锁触头接触元件滚子之间相对偏移应不大于1 mm，动静触头相对偏移量应不大于1 mm，动静触头座的齿纹啮合应良好，各螺栓紧固。

步骤五　试　验

对组装完毕后的接触器应进行绝缘检查。

（1）性能动作试验：在试验台上，接通电源、风源，做性能动作试验，在最大工作风压650 kPa和最小工作风压375 kPa下均能可靠工作，不得有卡滞现象。

（2）泄漏试验：用肥皂液检查风路在最大风压下有无泄漏，以肥皂泡5 s不破为合格。

（3）绝缘和耐压试验。

（4）用2 500 V兆欧表测试主电路，对地绝缘电阻值不小于5 MΩ。

（5）相互绝缘的带电部分之间及对地做5 750 V工频耐压1 min试验，应无击穿、闪络现象。

注意事项：

（1）在最大工作风压650 kPa和最小工作风压375 kPa下均能可靠工作，不得有卡滞现象。

（2）最大风压下无泄漏，肥皂泡涂5 s不破。

（3）对地绝缘电阻值≥5 MΩ/2 500 V。

(4)相互绝缘的带电部分之间及对地 5 750 V 工频耐压 1 min 试验,应无击穿、闪络现象。

四、项目实施

1. 劳动组织形式

对学生进行分组:学生每 3~4 人组成一个工作小组,各小组制订出实施方案及工作计划,组长协助教师参与指导本组学生学习,检查项目实施进程和质量,制定改进措施,共同完成项目任务。

2. 工具材料准备

(1)作业工具:卡尺,电线路检测仪,电器钳工工具(4、6、10 内六方扳手,7-9、17-19 梅花扳手,50 mm、100 mm 螺丝刀),2 500 V 兆欧表。

(2)作业材料:汽油,蓖麻油,皮碗,触头,皮碗,毛刷,酒精,白布。

(3)使用设备:0~150 V 可调直流电源检测台,工作台。

3. 作业要求

(1)正确着装,穿戴好劳动保护用品。

(2)正确使用工、卡、量具。

(3)注意自身安全及他人安全,严禁违章作业。

4. 项目评价

按时间、质量、安全、文明、环保要求进行考核。学生按照表 6.1 进行项目考核评分,先自评,在自评的基础上,由本组的同学互评,最后由教师进行总结评分。

表 6.1 项目考核评价表

项目要求	考核标准	考核结果
(1)时间要求	(1)不超过规定时间	(1)有一项不符合要求不合格; (2)合格成绩为 60 分
(2)质量要求	(2)检修、维护质量符合标准	
(3)安全要求	(3)符合安全操作规程	
(4)文明要求	(4)做到文明"生产"	
(5)环保要求	(5)检修过程符合环保要求	
项目拓展		20 分
项目作业		20 分
成 绩		

注:如出现重大安全、文明、环保事故,则本项目(单元)考核记为不合格。

五、项目实施过程中可能出现的问题及对策

可能出现的问题：通电试验时，TCK7-600/1500 型电空接触器开合不灵。
故障原因：
（1）电空阀皮碗漏风。
（2）电空阀阀杆出现卡滞。
解决措施：
（1）拆卸电空阀，清洗阀杆
（2）按压电空阀皮碗 10~20 次即可。

六、项目作业

1. 完成 TCK7-600/1500 型电空接触器学习任务单。
2. 试做出 TCK7B-600/1500 型电空接触器的检修与维护的项目分析及项目实施的路径与步骤。

 理论链接 1：TCK7B–600/1500 型电空接触器的作用及组成

TCK7B-600/1500 型电空接触器属于不开断强负载接触器，因而不带灭弧系统和灭弧罩，主要由传动系统、触头系统两部分组成，如图 6.6 所示。

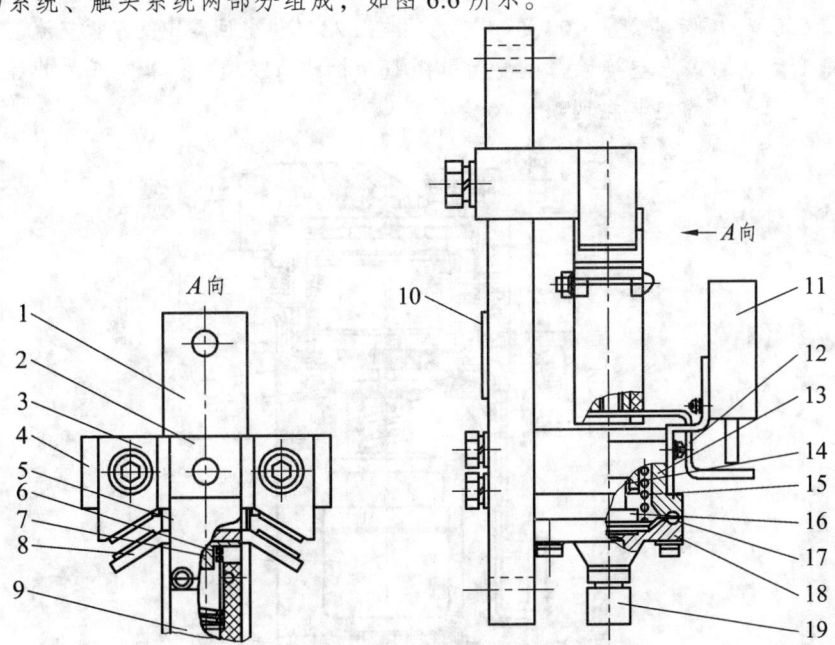

图 6.6 TCK7B-600/1500 型电空接触器
1—支柱；2—静触头座；3—静触头；4—连接片；5—绝缘块；6—垫片；7.15—弹簧；8—动触头；9—绝缘杆；
10—铭牌；11—联锁触头；12—联锁板；13—气缸底座；14—铜套；16—活塞；
17—皮碗；18—气缸盖；19—管拉头

TCK7B-600/1500 型电空接触器的传动系统采用的是膜板传动装置，主要由气缸、活塞、皮碗和反力弹簧等组成。

接触器的主触头为直动式、桥式双断点，触头表面呈成120°夹角。动主触头焊装在动主触桥上，动主触桥通过绝缘块弹性地固装在绝缘杆上，绝缘杆与活塞杆连在一起。静主触头用螺栓固定在静触头座上，静触头座用螺栓固定在支柱上。联锁触头的结构与CJ8Z-150Z型交流接触器的联锁触头相同，通过联锁板固定在绝缘杆上。

 理论链接2：TCK7B-600/1500型电空接触器的作用原理

当外接电空阀得电时，压缩空气通过管接头进入传动气缸，再通过皮碗带动活塞克服反力弹簧的反作用力，使动触头上移，直至与静触头完全闭合。当电空阀失电时，气缸中的压缩空气通过管接头及电空阀排向大气，在反力弹簧的作用下，活塞复位，动触头下移，与静触头分离，切断相关电路。与此同时，固定在绝缘杆上的联锁板带动联锁触头进行分合转换。

七、项目拓展

EVS700/1型电磁式真空接触器的检修与维护

 理论链接：EVS700/1型电磁式真空接触器

SS系列客运电力机车上使用了EVS700/1型电磁式真空接触器，主要用在列车供电装置中，额定电压为1 500 V，额定电流为700 A。它是使用在872 V供电回路中的单极交流电磁接触器。

EVS700/1型电磁式真空接触器主要由电磁驱动机构、联轴节、真空开关管等组成，如图6.7所示，这些零部件均组装在两块绝缘板。

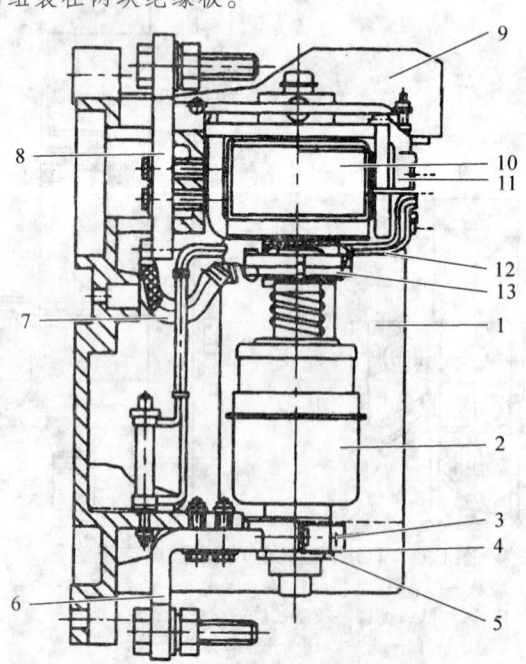

图6.7 EVS700型真空接触器剖视图

1—基座；2—真空开关管；3—弓形盖支撑；4—连接弓形盖；5—固定专用螺母；6—下连接板；7—软连接；8—上连接板；9—防尘罩；10—磁驱动机构；11-辅助开关；12—联轴器；13—连接弓形板

在断开状态下，真空开关管的两触头的开距为 1.5 mm，触头被拉开的状态是由驱动系统的压力弹簧实现。由于在真空中断开，故可完全开断电路。

当电磁线圈得电时，吸合衔铁，带动直角横杆使真空开关闭合；当电磁铁线圈失电时，在恢复弹簧作用下，打开衔铁，带动直角横杆使真空开关断开。

项目七 位置转换开关的检修与维护

一、项目任务及要求

对 SS_3 4000 系电力机车 TKH3-500/1500 型位置转换开关进行解体、检修维护与组装。
时间要求：教学学时 12 课时。
质量要求：符合成都铁路局电力机车电器检修质量验收相关标准和技术规程。
安全要求：严格按照安全操作规程进行项目作业。
文明要求：自觉按照文明生产规则进行项目作业。
环保要求：努力按照环境保护要求进行项目作业。

二、项目分析

位置转换开关用于换接主电路。一是用来改变牵引电动机励磁（或电枢）绕组中电流的方向，实现机车运行方向的改变，二是用来实现机车牵引工况和电阻制动工况之间的转换。它由方向和工况 2 个转鼓组成。方向鼓有"向前位"和"向后位"2 个工作位置；工况鼓有"牵引位"和"制动位"2 个工作位置。每个转鼓有 2 个工作位置，所以也叫两位置转换开关。

SS 系列电力机车使用的是 TKH 系列转鼓形式位置转换开关。SS_3 型 4000 系、SS_{3B} 型机车采用的是 TKH3-500/1500 型，SS_4 型机车采用的是 TKH4-850/1000 型，SS_{6B} 型机车采用的是 TKH10-840/1020，SS_{7D} 型机车采用的是 TKH9-1000/1000 型，SS_8 型机车采用的是 TKH4-970/1000 型。其结构大同小异，仅个别零部件有所变化。下面重点介绍 TKH3-500/1500 型两位置转换开关的结构。

理论链接 1：TKH3-500/1500 型两位置转换开关结构组成

TKH3-500/1500 型两位置转换开关主要由骨架、转鼓、静触头组、传动气缸和联锁触头组成。

理论链接 2：TKH3-500/1500 型两位置转换开关原理——换向原理

转换开关借助电空阀控制压缩空气，带动转轴、动触片动作，利用动触片在不同的位置与静触指构成不同电路，改变机车主电路。

换向原理：

机车的正反向运行是通过改变牵引电动机励磁绕组中电流的方向来达到的，如图 7.1 所示。在向前位时，图（b）中的静触指 1 与 2、3 与 4 分别在动触片 A、B 上，即 1 与 2、3 与 4 分别沿触片 A、B 的垂直方向接通，图（a）中的常闭触头闭合，此时，牵引电动机电枢绕组与励磁绕组电流同向，机车向前运行。转轴带动动触片转动到向后位时，图（b）中的静触指 2 与 4、1 与 3 分别在动触片 A、B 上，即 2 与 4、1 与 3 分别沿动触片 A、B 的水平方向接通，图（a）中的常开触头闭合，常闭触头断开，这就在牵引电动机电枢绕组电流方向不变的情况下改变了牵引电动机励磁绕组中的电流方向，机车向后运行。

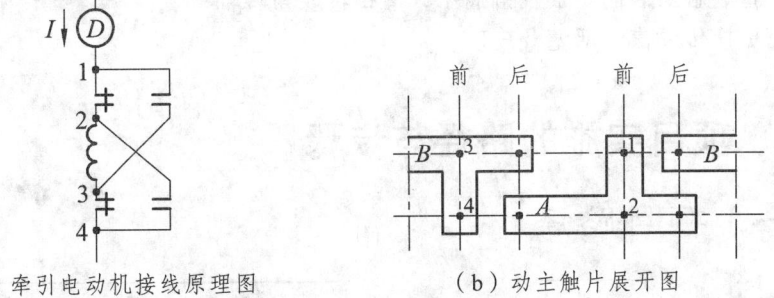

（a）牵引电动机接线原理图　　（b）动主触片展开图

图 7.1　换向原理示意图

1、2、3、4—静主触头；A、B—动触片

 理论链接 3：TKH3-500/1500 型两位置转换开关原理——牵引制动转换原理

机车的牵引制动工况转换是通过改变牵引电动机励磁绕组接线方式来实现的，如图 7.2 所示。机车在牵引状态时，图（b）中的静触指 6 与 1、5 与 4 分别在动触片 C、D 上，即 6 与 1、5 与 4 分别沿动触片 C、D 的垂直方向接通，图（a）中的常闭触头闭合，此时，牵引电动机电枢绕组与励磁绕组串联，作电动机运行。转轴带动动触片转动到向后位时，图（b）中的静触指 6 与 7、8 与 4 分别在动触片 C、D 上，即 6 与 7、8 与 4 分别沿动触片 C、D 的水平方向接通，图（a）中的常开触头闭合，常闭触头断开，此时，牵引电动机电枢绕组与制动电阻串联，励磁绕组与其他牵引电动机的励磁绕组串联，构成独立的励磁回路，牵引电动机作发电机运行，机车由牵引工况转换为电阻制动工况。

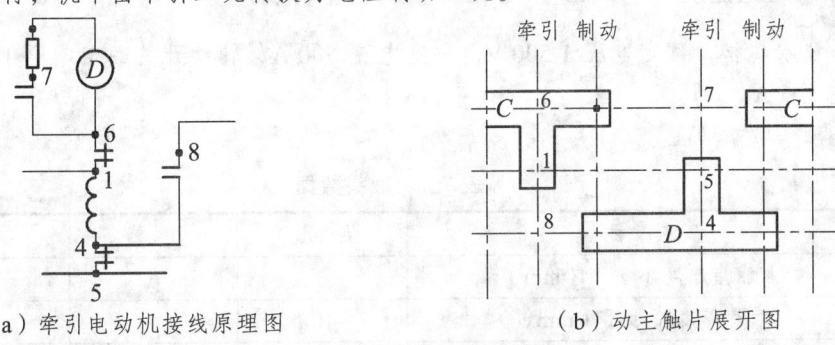

（a）牵引电动机接线原理图　　（b）动主触片展开图

图 7.2　牵引制动转换原理示意图

1、4、5、6、7、8—静主触头；C、D—动触片

常见故障分析：

常见故障：

（1）两位置开关烧损；

（2）两位置开关无法转换。

故障原因：

（1）位置转换开关转鼓灰尘太多，形成爬电，造成触头烧损；机车乘务员误操作，进行

有电转换,造成触头烧损,转鼓动触片、静触指烧损;

(2)传动气缸活塞和皮碗有裂纹、变形老化,形成漏风和串风。

采取措施:

(1)打磨触头表面烧痕及铜瘤子,清扫转鼓与转轴;

(2)更换传动汽缸活塞及皮碗。

三、项目实施的路径与步骤

(一)项目路径

第一步	检 查
第二步	解 体
第三步	检 修
第四步	组 装
第四步	试 验

(二)项目步骤

理论链接1:TKH3-500/1500型两位置转换开关

(1)技术规格,额定电压1 500 V,额定电流500 A,辅助开关额定电压110 V,辅助开关额定电流5 A。

(2)触头数据(见表7.1)。

表7.1 触头数据

项目	原形	中修	禁用
主触指厚度不小于(mm)	8	6	4
触片厚度不小于(mm)	10	5	4
转鼓外径不小于(mm)	115	111	
单个主触头压力(N)	40±4	40±4	
主触头超程(mm)	2~3	2~3	
单个主触头接触线长度不小于(mm)	10	10	
辅助触头开距(mm)	3~3.8	3~3.8	
辅助触头超程不小于(mm)	2	2	
主触头超程(mm)	2~3	2~3	
主触头接触电阻不小于(μΩ)	200	200	

(3) 主回路不同极性之间及对地绝缘用 2 500 V 兆欧表测量，电阻值应 ≥5 MΩ。
(4) 耐压试验：用 TY-1 型绝缘检测仪检测。
① 线与线间 600 V 漏电电流不大于 100 uA，保持 1 min。
② 线与地间 800 V 漏电电流不大于 100 uA，保持 1 min。
(5) 传动风缸额定风压：500 kPa；最低工作风压 375 kPa；风缸活塞行程：44±1 mm。
(6) 主轴转角以一个位置转到另一个位置为 63°。

步骤一　检　查

(1) 接上风源，检查风缸有无泄漏现象，活塞行程是否符合技术要求。
(2) 检查转鼓在'牵位（反向鼓在前位）时，触头与触片接触位置是否正确，以便在组装时适当调整。
(3) 应保证触指超行程符合技术要求，超行程调整螺钉与触指座之间间隙应为 1.5~2 mm。

步骤二　解　体

理论链接 2：骨架

TKH3-500/1500 型两位置转换开关外形结构如图 7.3 所示。

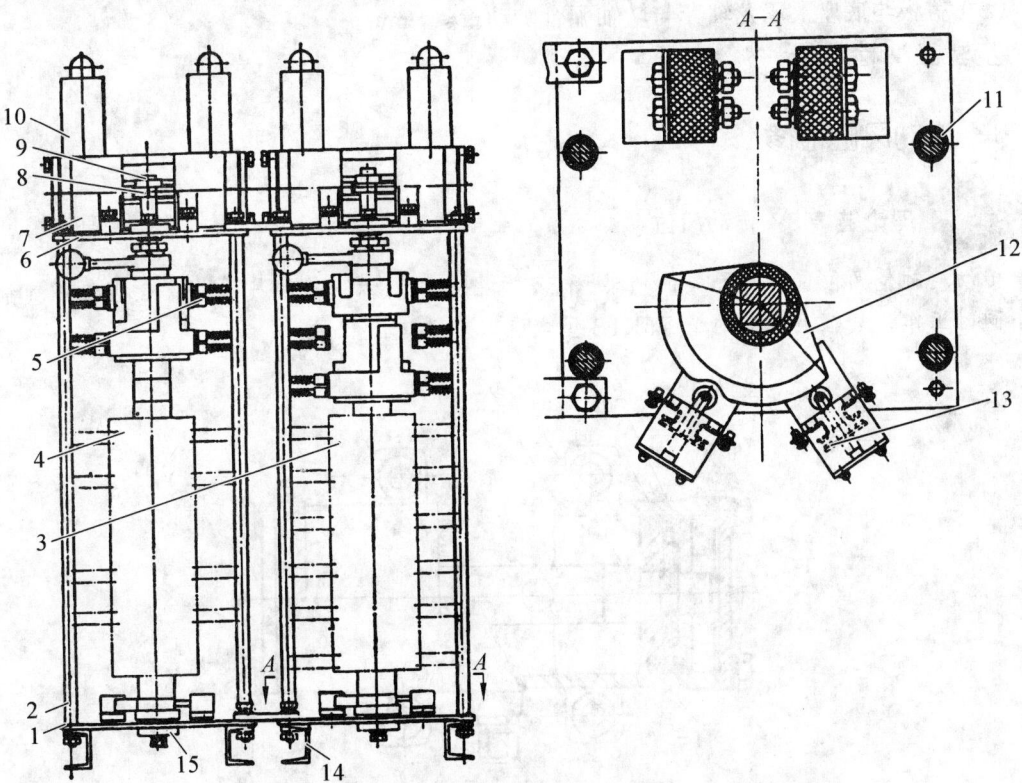

图 7.3　TKH3—500/1500 型位置转换开关外形结构图

1—底板；2—支柱；3—牵引制动鼓；4—反向鼓；5—触指杆；6—面板；7—传动气缸；8—拨叉；9—销；
10—电空阀；11—环氧玻璃布管；12—凸轮；13—联锁触头；14—槽钢；15—尼龙轴套

骨架由底板、面板、支柱及套在支柱外的环氧玻璃布管等组成。底板和面板上都焊有角钢，用来安装触指杆（静触头组），尼龙轴套用来安装牵引制动鼓及方向鼓。

（1）拆除板后联接母线。

（2）拆除面板和底座上连接板，使转换部分和反向部分成独立的两部分。

（3）拆下低压联锁。

（4）拆除传动风缸，注意圆销不要掉在地上。

（5）拧掉圆锥销的紧固螺母，松开拨叉顶紧螺丝，用铅锤或紫铜棒将其轻轻敲出，不要损伤丝扣，拆下拨叉。

（6）松掉触指组件上下安装螺栓，取出触指组件。

（7）检查盖板与底座上尼龙轴套与转轴配合是否适当，若旷动量大于 1 mm，则须更换尼龙轴套。

（8）松掉4根支柱下端的螺母，将面板连同支柱一起取下，然后拆下4根支柱，拆下尼龙轴套。

（9）取下转鼓。

注意事项：

（1）圆销不要掉在地上。

（2）用铅锤或紫铜棒将拨叉顶紧螺丝轻轻敲出，不要损伤丝扣，拆下拨叉。

（3）盖板与底座上尼龙轴套与转轴配合旷动量≤1 mm。

步骤三　检　修

1. 传动风缸检修

 理论链接3：传动风缸

传动气缸是两位置转换开关的传动系统，如图 7.4 所示。传动气缸共有 2 个工作气缸，但不同时工作，气缸上装有两个 TFK1B 型电空阀。

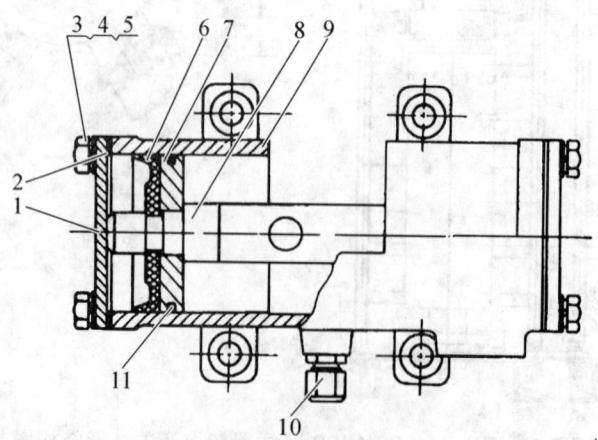

图 7.4　传动气缸

1—气缸盖；2—密封垫；3.4.5—螺栓、螺母及垫圈；6—皮碗；7—活塞；
8—活塞杆；9—气缸体；10—管接头；11—毛毡

（1）拆去两个电空伐。

（2）拆去两端缸盖，检查密封垫是否良好。

（3）冲出一端活塞，取下皮碗，从另一端将活塞一起取出，取出毛毡圈，清洗各部件。

（4）取下风管接头并清洗，检查丝扣良好。

（5）检查缸壁应无拉伤，活塞杆、圆柱销、皮碗应更换。

（6）组装按解体相反顺序进行，组装时风缸内涂 3# 锂基脂，活塞毛毡圈装上后应用机械油润滑。

（7）组装后检查风缸行程符合 44 mm ± 0.8 mm，不符合的可调整密封垫圈的厚度或缸盖烧焊。

（8）装上检修好的电空阀，通风试验时，活塞动作应灵活，无卡滞，无漏泄。

注意事项：

（1）更换传动风缸皮碗；

（2）传动风缸行程符合 44 mm ± 0.8mm；

（3）电空阀通风试验时，活塞动作应灵活，无卡滞，无漏泄。

2. 触指组件检修

 理论链接 4：触指杆（静触头组）

触指杆是位置转换开关的静触头组，由在一块环氧玻璃布板上安装的若干组触指装配而成，如图 7.5 所示。

方向鼓的触指杆装有 6 组触指（静触头），牵引制动鼓的触指杆装有 9 组触指（静触头）。触指杆（静触头组）有左右之分，安装于骨架的面板和底板的角钢上。位置转换开关触指与转鼓触片之间的压力是通过螺母的压紧或放松来调节的，调整好后用双螺母锁紧，使压力保持不变。

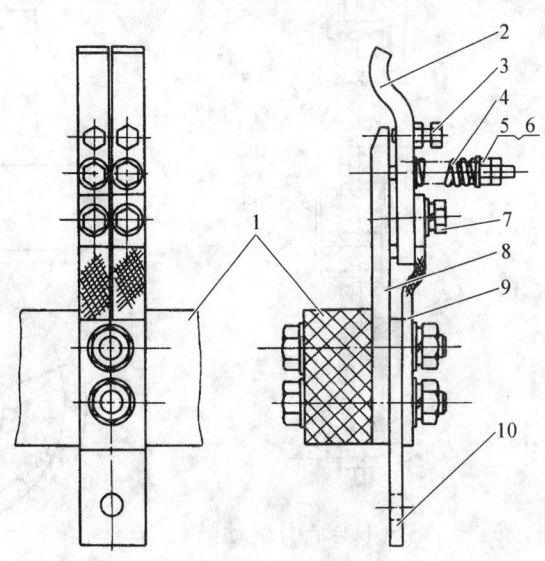

图 7.5 触指杆

1—环氧玻璃布板；2—触指；3—调整螺栓；4—弹簧；5、6—螺杆；
7—螺栓；8—触指座；9—软连线；10—接线板

整体清洗后检查：

（1）更换严重烧损或到限的触指。

（2）触指弹簧应无变形、疲劳、损伤。

（3）软连线断股数不大于10%，无过热、变形。

（4）锉修触指的烧痕，修理接触面，使圆弧无凹凸痕迹。

（5）触头弹簧螺杆应无开焊，止钉铆接无松动。

（6）检查每组两触指位置，应与安装板垂直，相互间不应有卡滞或不平行的现象。

注意事项：

（1）限度符合技术要求。

（2）触指弹簧应无变形、疲劳、损伤。

（3）软连线断股数不大于10%，无过热、变形。

3. 转鼓检修

 理论链接 5：转鼓

转鼓也称作位置转换开关的动触头组，如图 7.6 所示。转鼓为方向鼓和牵引制动鼓的合称，其结构形式基本相同，仅触片组装在转轴上的安装排列位置及绝缘垫圈长度不同而已。触片（动触头）如图 7.7 所示。

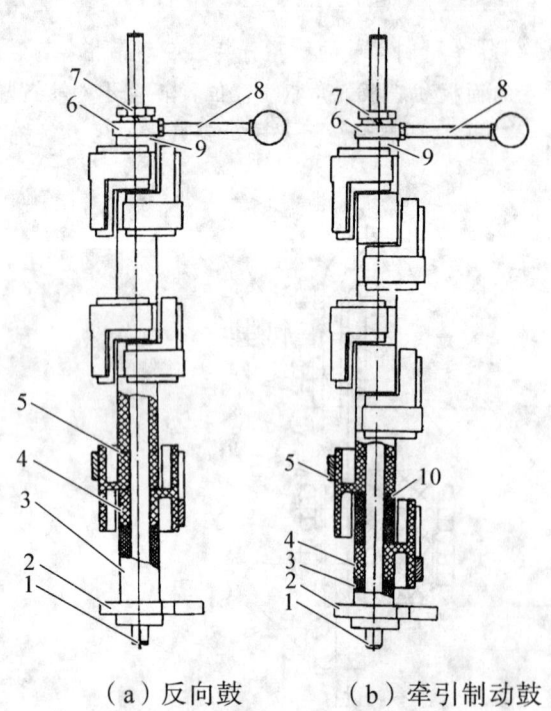

（a）反向鼓　　（b）牵引制动鼓

图 7.6　反向鼓及牵引制动鼓外形结构

1—转轴；2—凸轮；3、9、10—长短不同的绝缘垫圈；4、5—触片（动触头）；
6—手柄座；7—压紧螺母；8—手柄

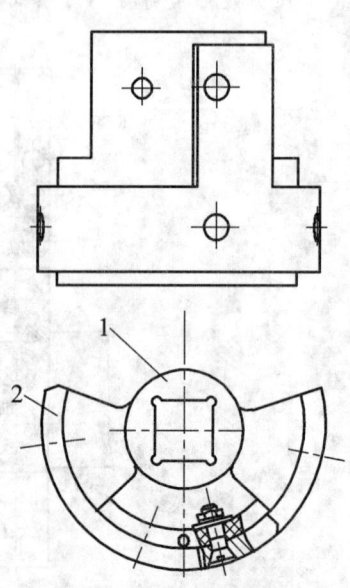

图 7.7　触片（静触头）

1—胶木座；2—触片

取下转鼓,清洗后检查:

(1)挡圈圆锥销应无弯曲、裂纹、损伤,与挡圈配合良好。

(2)各胶木座、辅助凸轮、环氧酚醛玻璃布管垫圈应完好无损,并涂环氧树脂气干漆。

(3)更换到限或烧损的触片,触片组装时,沉头螺钉埋入触片不得小于 1 mm,各胶木座与转轴间不得松动。

(4)旋削磨损或拉伤、烧痕严重的转鼓。

(5)对于需要更新解体组装的转鼓,组装时须注意以下几点:

① 辅助凸轮、触片组件、手柄座的"0"位标记应在一个方向。

② 组装后轴向尺寸时应符合规定,再镟削外圆,使表面跳动量小于 0.5 mm,镟后锉修外圆。

③ 组装时应先调整轴向尺寸,再镟外圆,使表面跳动量小于 0.5 mm。

注意事项:触片组装时,沉头螺钉埋入触片不得小于 1 mm,各胶木座与转轴间不得松动。

4. 低压控制部分

 理论链接 6:联锁触头

联锁触头为 TKY1 型,安装在位置转换开关的底板上,由有机玻璃外壳、推杆、滚轮、弹簧及封闭在外壳内的桥式触头组成。通过透明的有机玻璃外壳,可以观察触头的开闭情况。

(1)清洗低压联锁,清除触点烧痕,更换严重烧损触头。

(2)安装板及胶木件无裂纹、损伤。

(3)联锁推杆动作灵活,无卡滞。

注意事项:联锁推杆动作灵活,无卡滞。

5. 面板、底板及支柱检修

 理论链接 7:骨架

骨架由底板、面板、支柱及套在支柱外的环氧玻璃布管等组成。底板和面板上都焊有角钢,用来安装触指杆(静触头组),尼龙轴套用来安装牵引动鼓及方向鼓。

用汽油清洗面板、底板及支柱;根据解体检查,更换磨耗过量的尼龙轴套;检查支柱绝缘套管。

步骤四 组 装

(1)组装按解体相反顺序进行,转鼓轴与轴套配合部分涂少量 3#锂基脂,圆鼓应转动灵活,无阻滞现象。

(2)转鼓动触片与静触指表面涂上适量工业凡士林。

(3)转鼓动触片与静触指接触位置正确,中心偏差≤2 mm。

(4)动触片与静触指相对高度一致,接触线长≥10 mm,接触电阻≤200 μΩ。

（5）接好板后联接线。

（6）低压联接推杆与转鼓的凸轮动作，低压联锁盖滑板与盖底要有 3 mm 间隙。

注意事项：

（1）转鼓轴与轴套配合部分涂少量 3# 锂基脂，圆鼓应转动灵活，无阻滞现象。

（2）转鼓动触片与静触指接触位置正确，中心偏差 ≤2 mm。

（3）动触片与静触指相对高度一致，接触线长 ≥10 mm，接触电阻 ≤200 μΩ。

步骤五　试　验

（1）触头超程 2~3 mm，接触线长度 ≥10 mm，主触头压力 40 N±4 N，调整完毕后，动触头涂适量凡士林。

（2）动作试验电压在 77~116 V，风压 375~650 kPa 时，转鼓转动灵活，无卡滞，主轴转动位置正确。

（3）耐压试验：工频电压 1 min 无击穿、闪络。

① 带电部分对地：5.8 kV

② 不同电位的触头间：5.8 kV

（4）气密性试验：气缸气压升至 650 kPa 后，关断气源 4 min，气压下降不超过 10%。

（5）绝缘：用 2 500 V 摇表检查对地绝缘值，应 ≥10 MΩ，相间绝缘 ≥100 MΩ。

（6）在调整螺栓上加好漆封。

注意事项：

（1）触头超程 2~3 mm，接触线长度 ≥10 mm，主触头压力 40 N±4 N。

（2）动作试验电压在 77~116 V，风压 375~650 kPa 时，转鼓转动灵活，无卡滞，主轴转动位置正确。

（3）工频电压 1 min 内无击穿、闪络。

（4）气缸气压升至 650 kPa 后，关断气源 4 min，气压下降不超过 10%。

（5）对地绝缘值 ≥10 MΩ/2 500 V，相间绝缘 ≥100 MΩ/2 500 V。

四、项目实施

1. 劳动组织形式

对学生进行分组：学生每 3~4 人组成一个工作小组，各小组制订出实施方案及工作计划，组长协助教师参与指导本组学生学习，检查项目实施进程和质量，制定改进措施，共同完成项目任务。

2. 工具材料准备

（1）作业工具：电器钳工常用工具，紫铜棒，万用表，兆欧表（2 500 V）。

（2）作业材料：汽油，白布，毛刷，砂布（00#），环氧树脂气干漆，工业凡士林，钢精绑扎头，塑料绑带，红油漆等。

(3)使用设备：试验台，压缩风源，转换开关工作架。

3. 作业要求

(1)正确着装，穿戴好劳动保护用品。
(2)正确使用工、卡、量具。
(3)注意自身安全及他人安全，严禁违章作业。

4. 项目评价

按时间、质量、安全、文明、环保要求进行考核。学生按照表7.2进行项目考核评分，先自评，在自评的基础上，由本组的同学互评，最后由教师进行总结评分。

表 7.2 项目考核评价表

项目要求	考核标准	考核结果
(1)时间要求	(1)不超过规定时间	
(2)质量要求	(2)检修、维护质量符合标准	(1)有一项不符合要求不合格；
(3)安全要求	(3)符合安全操作规程	(2)合格成绩为60分
(4)文明要求	(4)做到文明"生产"	
(5)环保要求	(5)检修过程符合环保要求	
项目作业		40分
成　　绩		

注：如出现重大安全、文明、环保事故，则本项目（单元）考核记为不合格。

五、项目实施过程中可能出现的问题及对策

可能出现的问题：

(1)在项目实施过程中，由于位置转换开关体积和重量较大，在吊装及检修拆装过程中容易出安全事故。
(2)上试验台做动作试验时，风压管脱落伤人。

采取措施：

(1)在上课前，由实训基地实习老师事先把位置转换开关吊装在作业台上。
(2)学生在作业时，由实习老师和组长在旁边监护。

（3）上试验台做动作试验时，实习教师和学生要仔细检查风压管接头安装是否牢靠。

六、项目作业

完成 TKH3-500/1500 型位置转换开关的检修与维护的学习任务单。

项目八　受电弓的检修与维护

一、项目任务及要求

对 SS_3 4000 系电力机车 TSG1-600/25 型单臂受电弓进行解体、检修维护与组装。
时间要求：教学学时 4 课时。
质量要求：符合成都铁路局电力机车电器检修质量验收相关标准和技术规程。
安全要求：严格按照安全操作规程进行项目作业。
文明要求：自觉按照文明生产规则进行项目作业。
环保要求：努力按照环境保护要求进行项目作业。

二、项目分析

理论链接 1：受电弓的作用

受电弓是电力机车从接触网导线上受取电流的受流装置。它安装在机车车顶上，当受电弓升起时，受电弓滑板与接触网导线接触，经主断路器将电流引入机车主变压器，为机车提供动力能源。

理论链接 2：受电弓的动作要求

受电弓靠滑动接触而受流，对其的基本要求就是滑板与接触导线接触可靠，磨耗小，升、降弓时不产生过分冲击。为此，在接触导线高度允许变化的范围内，要求受电弓滑板对接触导线有一定的接触压力，并且滑板离开底架要快，贴近接触导线时要慢，以防弹跳；在降弓时脱离接触导线要快，落在底架上要慢，以防拉弧以及对底架有过分的机械冲击。在运行中要求受电弓动作轻巧、平稳，动态稳定性好。

理论链接 3：受电弓的分类

受电弓按其杆臂的结构形式可分为双臂受电弓和单臂受电弓两种。双臂受电弓结构对称，侧向稳定性好，但结构复杂，调整困难。单臂受电弓由于结构简单、尺寸小、重量轻、调整容易，具有良好的动特性而被现代电力机车广泛采用。SS 系列电力机车采用 TSG1-600/25 型或 TSG3-630/25 型单臂受电弓。每台电力机车上装有 2 台受电弓，正常运行时只升后弓，前弓备用。

 理论链接 4：TSGI-600/25 型单臂受电弓的结构

TSG1-600/25 型单臂受电弓主要由弓头、框架和传动机构 3 部分组成，如图 8.1 所示。

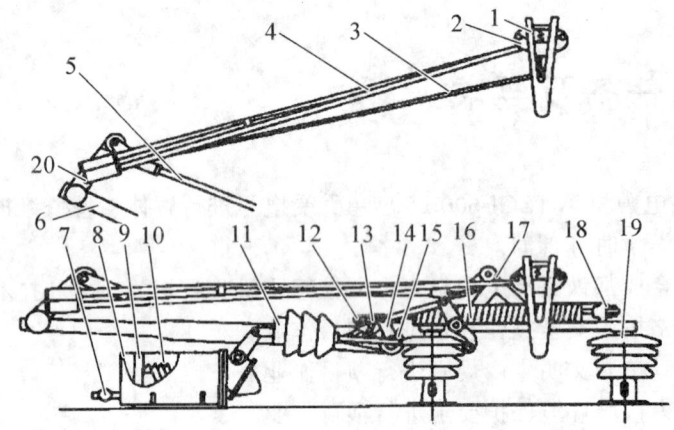

图 8.1　TSGI-600/25 型单臂受电弓简图

1—滑板弓头；2—弓头支撑装置；3—平衡杆；4—上框架；5—推杆；6—下臂杆；7—缓冲阀；8—传动风缸；9—活塞；10—降弓弹簧；11—拉杆绝缘子；12—滑环；13—扇形板；14—拐臂；15—转轴；16—升弓弹簧；17—底架；18—升弓弹簧调整螺母；19—支持绝缘子；20—铰链座

 理论链接 5：TSGI-600/25 型单臂受电弓的传动系统

单臂受电弓的传动系统系由 2 个四连杆机构组成，如图 8.2 所示。下部四连杆机构由下臂杆、铰链座、推杆和底架组成，其作用是当 φ 角变化时，使弓头上升或下降并保持其运动轨迹基本上为一铅垂线。上部四连杆机构由固定在铰链座上的上框架、与推杆铰链的平衡杆及弓头支架组成，其作用是使滑板在整个运动高度保持水平状态。

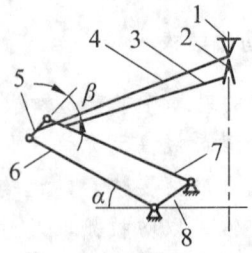

图 8.2　连杆机构示意图

1—滑板；2—支架；3—平衡杆；4—上框架；5—铰链座；6—下臂杆；7—推杆；8—底架

 理论链接 6：TSGI-600/25 型单臂受电弓升弓压力的调整

通过调节升弓弹簧的拉伸长度可改变受电弓的压力大小。利用扇形板上的调整螺栓可调

整受电弓对应于不同高度处的压力值,以补偿升、降弓过程中受电弓杆件自重所造成的接触压力的变化,以便在不同高度获得近似不变的接触压力值。

理论链接 7:TSGI-600/25 型单臂受电弓的动作原理——升弓原理

升弓时,司机按下受电弓按键开关,受电弓电空阀得电使气路开通,压缩空气通过缓冲阀进入传动气缸,活塞克服降弓弹簧的压力向右移动,通过气缸盖上的换向机构使连杆绝缘子向左移动,由于支点的作用,使滑环右移,此时拐臂不受滑环的约束,下臂杆便在升弓弹簧的作用下,作顺时针转动;而铰链座在推杆的推动下逆时针转动,同时带动上框架逆时针转动,使受电弓弓头升起。

当传动气缸充气后,活塞处于右侧极限位置,这时传动气缸对受电弓无力的作用,滑板对接触导线的压力完全取决于升弓弹簧力的大小,而与传动气缸和降弓弹簧无关。

理论链接 8:TSGI-600/25 型单臂受电弓的动作原理——降弓原理

降弓时,司机断开受电弓按键开关,受电弓电空阀失电,使气路与大气接通,于是传动气缸的压缩空气经缓冲阀排向大气。活塞在降弓弹簧的作用下,向左移动,滑环也向左移动,当滑环与拐臂接触后,迫使拐臂跟随着滑环继续左移,强制下臂杆作逆时针转动,最终使受电弓弓头降到落弓位。

理论链接 9:受电弓的特性——静态接触压力

静态接触压力是指在静止状态下,受电弓弓头滑板在工作高度范围内对接触网导线的压力。该值的大小直接影响受流质量。若压力值偏小,则受流时离线率高,离线瞬间所产生的电弧会影响正常的受流,而且会使滑板和接触网导线间的表面光滑度恶化,从而加剧摩擦偶件的磨损。此外,接触压力偏小时,接触电阻就大,在机车未运动时传导较大电流,会在接触网导线和滑板间产生高温,从而损坏接触导线或滑板。静态接触压力值 70 N 是最佳值,并规定了压力值的允许偏差为 ±10 N。

理论链接 10:受电弓的特性——同高压力差

同高压力差是指受电弓弓头在同一高度下,上升和下降时的静态接触压力差。该值的大小表征了受电弓各运动铰接部分的摩擦力大小。由于摩擦力始终与运动方向相反,因此当接触网导线向下倾斜而要求弓头滑板跟随着下降时,该摩擦使接触压力增加;同理,上升时使接触压力减小。所以为了减小摩擦力,在受电弓中的各铰接部分均装有滚动轴承。TSGI 型受电弓规定同高压力差≤15 N。

理论链接 11:受电弓的特性——工作高度

工作高度是指在此高度范围内,弓头滑板对接触网导线的静态接触压力为额定值,也即在此高度范围内,可以保证正常受流。该值的确定主要取决于接触网导线和机车的高度。根据 GB3317—82 规定,受电弓工作高度应在距轨面高度 5 200~6 500 mm。这个高度减去机车落弓位时的高度,便是受电弓实际工作高度区域,同时应考虑到机车高度值的偏差和受电弓工区的裕度,因此,TSG1型受电弓工作高度定为 400~1 900 mm(以落弓位滑板顶面高度为零计),最高升弓高度≥2 400 mm。

 理论链接 12:受电弓的特性——升、降弓时间

TB 1456—82 规定:升降弓时间是指在传动风缸处在额定工作气压时,由落弓位升到最大工作高度和由最大工作高度降至落弓位所需的时间。TSG1型受电弓规定:升弓时间≤8 s,且对交触网导线无有害冲击;降弓时间≤7 s,且对受电弓底架无有害冲击。

 理论链接 13:受电弓的特性——弓头运行轨迹

弓头在工作高度范围内应该始终处于机车转向架的回转中心上,这样当机车在弯道运行时,使弓头相对于轨道中心的偏移量最小,以避免弓头滑板偏离接触网,造成失流或刮弓的不良后果,因此,要求弓头垂直运动轨迹在工作高度范围内是一条直线。

 理论链接 14:受电弓的特性——动特性

在动能相等的情况下,把受电弓运动系统的质量归化到滑板上,该质量称为归化质量。也就是说归化质量所求得的总动能和受电弓实际质量的总动能是相等的。受电弓的归化质量与受电弓提升高度的关系称为受电弓的动特性。

TSG1-600/25 型单臂受电弓常见故障分析及处理方法:

1. 受电弓偏磨

故障原因:
(1)受电弓滑板拉槽。
处理方法:更换滑板。
(2)平衡杆弯曲,固定中间铰链座螺母松动。
处理方法:紧固平衡杆螺母,或更换平衡杆。

2. 机车运行中出现离线率较高

故障原因:受电弓静态接触压力较低。
处理方法:调节两个升弓弹簧拉伸长度和扇形板上的螺钉高度。

3. 升弓时间太慢

故障原因:缓冲阀进气或排气阀座的豁口大小。
处理方法:将进气阀座和钢球拆下,将钢球对准豁口,适当保持一定间隙,使豁口变大。

三、项目实施的路径与步骤

（一）项目路径

（二）项目步骤

 理论链接 1：TSGI-600/25 型单臂受电弓的基本技术参数

（1）额定工作电压：25 kV
（2）额定工作电流：600 A
（3）额定工作气压：500 kPa
（4）最小升弓气压：375 kPa
（5）工作高度范围：400～1 900 mm
（6）最大升弓高度：2 400±20 mm
（7）升降弓时间：（气压为 500 kPa，升弓高度为 1 900 mm）
　　升弓时间：≤8 s
　　降弓时间：≤7 s
（8）工作高度范围内接触压力及压力差：
　　接触压力：70 N±10/15 N
　　上升与下降压力差：≤15 N
（9）滑板直线部分长度：≤1 250 mm

步骤一　检　查

解体前用钢丝绳将整体受电弓连同支持顶盖一起吊往试验台，将各瓷瓶擦拭干净后，做 75 kV 耐压试验，1 min 应无放电、无闪络。把所测得的数据及不良之处予以记录。

步骤二　总体解体

先拆掉风缸及传动绝缘子，将升弓弹簧的螺母松动，使弹簧呈自由状态，然后拆滑板托架、弹簧盒、铰链座、平衡杆、推杆、上框架、下臂杆，并卸掉两个升弓弹簧。

步骤三　检修（分解、检修、分体组装）

1. 轴承及其联接件

拆下左右轴承端盖固定螺丝，取下端盖。

（1）清洗、检查。

① 用汽油清洗轴承，并用高压风吹净，清洁度Ⅰ级。

② 检查轴承滚道，滚端无痕纹、麻点、剥离，保持架完好，转动灵活。

③ 检查铰链座应无裂纹。

（2）在轴承内填充适量 3#锂基脂后，装上轴承端盖。

2. 推杆及端部轴承

　　　　理论链接 2：推杆

推杆由无缝钢管制成，两端车有正反螺纹，分别装在铰链座和底架上，用于调整最大升弓高度和滑板的运动轨迹。

（1）解体。

① 拆下推杆端部轴承穿销固定螺母。

② 用铜棒冲出轴承穿销，注意轴承密封套及油毡圈，取出杠杆。

（2）清洗、检查。

① 用汽油清洗轴承，并用高压风吹净，清洁度Ⅰ级。

② 检查轴承滚道，滚端无痕纹、麻点、剥离，保持架完好，转动灵活。

③ 检查推杆无弯曲、变形。

（3）组装。

① 在轴承内填充适量的 3#锂基脂后，装上轴承端盖及轴承密封套。

② 安装推杆，在轴承穿销上涂一层 3#锂基脂后，将叉口对正轴承，穿上轴承穿销，并用铜锤冲打，装好轴承穿销，拧紧固定螺栓。

3. 平衡杆及轴承

　　　　理论链接 3：平衡杆

平衡杆由无缝钢管制成，其一端通过铰链座与推杆相连，另一端与上框架横向轴固定的连杆相连，其作用保证滑板在各运动高度上均处于水平位置。

（1）解体。

① 拆下平衡杆轴承穿销固定螺母。

② 用铜锤冲出穿销，取下平衡杆。
③ 拆下轴承端盖之防缓钢丝卡箍，拆下轴承端盖。
④ 取出轴承密封套。
（2）清洗、检查。
① 用汽油清洗轴承，并用高压风吹净，清洁度Ⅰ级。
② 检查轴承滚道，滚端无痕纹、麻点、剥离，保持架完好，转动灵活。
③ 检查平衡杆应无弯曲、变形、脱扣。
（3）组装。
① 在轴承内填充适量轴承$3^{\#}$锂基脂，装好密封套，轴承端盖及防缓钢丝卡箍。
② 安装平衡杆，在轴承穿销上涂一层$3^{\#}$锂基脂后，将平衡杆与座对正，穿上轴承穿销，并用铜锤冲打装好轴承穿销，拧紧固定螺母。

4. 滑板支持轴轴承

（1）解体。
取出两端轴承的防缓钢丝卡箍，拆下端盖。
（2）清洗、检查。
① 用汽油清洗轴承，并用高压风吹净，清洁度Ⅰ级。
② 检查轴承滚道，滚端无痕纹、麻点、剥离，保持架完好，转动灵活。
（3）组装。
在轴承内填充适量的$3^{\#}$锂基脂，装好轴承端盖及防缓钢丝卡箍。

5. 主轴轴承

（1）解体。
① 拆下两端轴承端盖之固定螺丝，取下端盖。
② 冲击一端拐臂圆锥销，取下挡圈。
③ 拔出拐臂，取出连接键。
（2）清洗、检查。
① 用汽油清洗轴承后，用高压风吹净，清洁度Ⅰ级。
② 检查键与键槽应配合紧固，如有松动应重新配键，禁止加垫处理，不得有削键。
（3）组装。
① 在轴承内填充适量的$3^{\#}$锂基脂，装好轴承端盖。
② 安装拐臂，用铜锤冲打。
以上各轴承组装时，其端盖缺口与注油口对齐。

6. 滑板及其支架

（1）滑板。
① 解体。
a. 将滑板从弹簧支架上取下，放于专用检修支架上。
b. 拆下滑板条固定螺丝，取下滑板条。

理论链接 4：滑板

滑板托架由 2 mm 厚的合金铝板整体压制后淬火而成，在滑板托架上装两排 250 mm×35 mm×37 mm 的碳质滑板，并用压板固定。现在改用新研制的 FDB-Ⅱ型粉末冶金滑板，其规格尺寸为 250 mm×20 mm×10 mm。该滑板主要化学成分为铁和铜，与碳质滑板相比，耐磨性和寿命大为提高。因粉末冶金滑板中本身含有油，运行一段时间后，在接触导线上能形成油膜，故能减轻滑板的磨耗。粉末冶金滑板有较高的机械强度，有助于减少因滑板损坏而造成的刮弓事故。

滑板工作长度为 1 250 mm，滑板托架两端制成弯角形，可防止在接触网分叉处接触导线进入滑板下面造成刮弓事故。为了使滑板磨耗均匀，接触导线与轨距中心线成"之"字形布置。

② 清洗、检修。

a. 清除滑板托架表面污垢及锈蚀，检查夹板，应无变形、裂纹。

b. 检查滑板托架与滑板条接触面，应无腐蚀、空洞及凸凹不平等不良现象，电腐蚀严重者应更换托架。

c. 托架两端的诱导角应完好紧固，诱导角下部挡铁应牢固。

d. 安装新碳条时，两侧碳条接缝应错开，夹板支持稳固并与碳条密贴，碳条之间接缝间隙不大于 1 mm，碳条与诱导角间接触间隙不大于 1 mm。

e. 滑板碳条滑动导电面的碳条接缝处及碳条与诱导角间应平滑过渡。

（2）弓头支架。

 理论链接 5：弓头支架

弓头支架是受电弓与接触导线间的第一弹性系统，其性能优劣直接影响受流质量。弓头支架由薄钢板制成，如图 8.3 所示。

托架上装滑板托架，拉杆可在联接销中滑动，保证弓头有一定的摆动自由度。弹簧装于横架和基架之间，可随着接触导线高度的变化而做上下、前后动作，以便改善受流质量。基架通过螺栓固定在铝保安座上，铝保安座通过螺栓装于上框架横向轴上。铝保安座的作用是在刮弓时使其先断，避免事故扩大。弓头支架前后摆动极限位置与垂直线相比不小于±20°，保证接触导线在任何斜度下弓头前后滑动都能与接触导线正常接触。

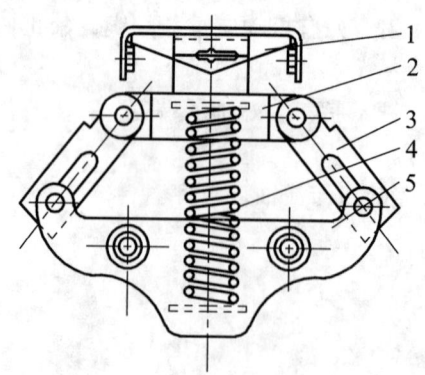

图 8.3 弓头支架
1—托架；2—横架；3—拉杆；4—弹簧；5—基架

（1）滑板支架弹簧应无变形、折损，测其自由高时，应≥130 mm。
（2）穿销与滑动拉杆内磨耗量≤2 mm，穿销无偏磨，开口销完好。
（3）将各部油垢擦拭干净，检查其基座拉杆、框架，应无变形，扭曲和裂损。
（4）导轨及轴销处涂适量的 3# 锂基脂。

7. 均衡臂及底架

 理论链接 6：均衡臂及底架

（1）底架是安装受电弓活动部分的基础，它由槽钢和球墨铸铁铸成的三脚架装配而成，通过3个支持绝缘子安装在机车顶盖上。

（2）平衡杆由无缝钢管制成，其一端通过铰链座与推杆相连，另一端与上框架横向轴固定的连杆相连，其作用是保证滑板在各运动高度均处于水平位置。

（3）上框架是由薄壁无缝钢管组焊而成的桁架结构，它使整个框架显得轻巧，用以支承弓头重量，传递向上压力，保证受电弓工作高度。

（4）推杆由无缝钢管制成，两端车有正反螺纹，分别装在铰链座和底架上，用于调整最大升弓高度和滑板的运动轨迹。

（5）下臂杆支承受电弓重量，传递升、降弓力矩，其长度也决定了受电弓的工作高度。下臂杆由单根变截面的无缝钢管拉制而成，其一端垂直地焊在转轴上，另一端通过铰链座和上框架及推杆相连。转轴由无缝钢管焊接加工而成，一端焊有拐臂，装在底架上，并在转轴上焊有两块扇形板，每块扇形板上装有 4 个 M14 调整螺栓，如图 8.4 所示。调整各螺栓的高度可调节弓头滑板在不同高度处的接触压力。拐臂由铸造而加工而成，是滑环与转轴连接的中间环节，传递降弓力，滑环在升弓过程中紧靠拐臂，使升弓速度受气缸动作速度限制。受电弓升起后，拐臂在滑环内自由运动。铰链座为一铸件，它的轴线与上框架中心线间的夹角 β 固定不变。

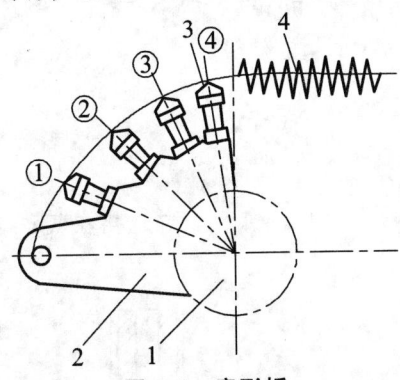

图 8.4 扇形板
1—下臂杆转轴；2—扇形板；3—调整螺栓；4—升弓弹簧

（1）在其注油口注入适量润滑脂，均衡臂应转动灵活。
（2）检查底架及均衡臂应无变形、裂纹。
（3）框架、底座、各臂杆及其活节分流线。
（4）各注油口应完好畅通。
（5）组装后各连接螺丝紧固，软辫线接触良好，截面折损不大于原形的 10%。

（6）各框架及臂杆不得有弯曲变形，裂纹应补焊。

（7）除去各框架及臂杆的锈蚀，并用汽油擦拭干净，涂防锈漆及灰色磁漆，清洁度Ⅲ级

8. 传动装置（传动风缸）

 理论链接 7：传动装置（传动风缸）

传动机构由传动气缸、缓冲阀、连杆绝缘子、连杆、升弓弹簧和降弓弹簧等组成，如图 8.1 所示。

传动气缸是受电弓的动力装置，进气时升弓，排气时降弓，它单独安装在机车顶盖上。在气缸内有活塞，活塞杆一侧装有降弓弹簧（采用子母簧）。活塞杆通过换向机构和连杆绝缘子与连杆相连，在连杆端部有限制转轴的滑环。

（1）解体。

① 松开端盖固定螺母，取下端盖。

② 取出降弓弹簧及活塞。

③ 在降弓弹簧拆装专用台上将其拆开。

（2）清洗、检查。

① 清洗弹簧应无裂纹、变形，测其自由高，内簧≥370 mm，中簧≥415 mm，外簧≥400 mm。

② 活塞皮碗无拉伤、变形、裂损，曲拐完整，活塞螺母紧固。

③ 风缸内壁无拉伤。

（3）组装。

① 组装按解体相反顺序进行。

② 组装风缸时应在内壁，降弓弹簧及穿销转动处涂适量的 $3^{\#}$ 锂基脂。

③ 风缸外壳除锈后，涂防锈漆及灰色磁漆。

9. 缓冲阀

 理论链接 8：缓冲阀

缓冲阀是控制受电弓升、降弓速度的部件。它连接在气源与传动气缸之间，其结构如图 8.5 所示。

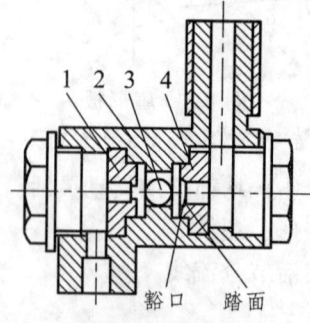

图 8.5 缓冲阀
1—排气阀座；2—阀体；3—钢球；4—进气阀座

阀体与两个阀座配合形成中心通道，在两个阀座上各开有三角形槽口，通道中间有一个钢球，钢球顺气流方向与对面阀座接触前，压缩空气量较大，当钢球在气流推动下与该阀座接触后，由于受到阀座上三角形槽口尺寸的限制，压缩空气流量较小。这样就能达到升、降弓过程中要求的"初始运动快，运动终了缓慢"的目的。改变三角形槽口尺寸的大小即可改变升、降弓时间。

解体、清洗：
（1）密封圈无锈蚀、变形、破损。
（2）球表面光洁，无拉伤。
（3）阀座丝扣完好、无松动，槽口可根据升降弓时间整修后实行部件组装。

10. 拉杆瓷瓶及拉杆

（1）检查拉杆与瓷瓶连接处的填充物无剥落、松散、裂纹等不良状态。
（2）瓷瓶表面缺损面积小于 10 cm² 时，可涂绝缘漆处理，大于 10 cm² 时，涂绝缘漆后，还需做 75 kV 绝缘介质强度试验，合格后方可使用。
（3）瓷瓶表面清洁度达 Ⅱ 级。

11. 各传动臂穿销

（1）拆下圆锥销，取下挡销，取出穿销。
（2）擦拭穿销并检查，不得有偏磨现象。
（3）组装时，在穿销上涂适量的 3# 锂基脂，更换不良的圆锥销。

12. 升弓弹簧

 理论链接 9：升弓弹簧

升弓弹簧有两根，由 14 mm 弹簧钢丝绕制而成，一端通过螺杆固定在底架支架均衡臂上，另一端通过链条连接在扇形板上。调节螺杆上的螺母，可以改变升弓弹簧的张力大小。

为了使受电弓动作灵活，减小运动过程中的摩擦力，各个铰链部分均装有轴承。为防止轴承的电腐蚀和发热，应用编织导线将关节处进行短接。

（1）清除弹簧表面锈斑，检查调整螺杆，螺扣应完好无锈蚀，除锈后螺杆上涂一层 3# 锂基脂。
（2）检查弹簧无裂纹及局部拉伸变形，测量其自由高度，应 ≤430 mm。
（3）在弹簧挂链活节油堵中适量给油，并更换不良油堵。
（4）除锈后涂防锈漆及灰色磁漆。
（5）扇形板各调整螺丝应完好、无锈蚀，拆下后，涂适量 3# 锂基脂。

13. 支持瓷瓶

（1）瓷瓶表面缺损处理方法同拉杆瓷瓶。

（2）瓷瓶表面清洁度达Ⅱ级。

（3）瓷瓶底座螺丝紧固，瓷瓶与铁件连接牢固，铁件脱漆锈蚀者应清除锈垢，并涂防锈漆及灰色磁漆。

步骤四　总体组装

（1）各轴销配合处旷量应≤1 mm，并涂适量 3# 锂基脂，各关节转动灵活。

（2）推杆组装时，两端铰链留有适量的调整裕量，调整完毕后将防松螺母拧紧。

（3）调整铰链位置，使弹簧盒轴与上框架杆平行且转动灵活，弹簧盒安装后面托板要平衡，垂直运动及转动灵活，与上框架不得碰撞。

（4）升弓至 1 500 mm 处，调整平衡杆角度，使滑板呈水平状，从而保证滑板在 700 ~ 1 800 mm 范围内处于水平位置，同时紧固连杆固定螺母。

（5）组装时先松开升弓弹簧，待组装完毕后，再调整弹簧压力以满足接触压力的要求。

步骤五　试验调整

（1）在 400 kPa 风压下，滑板顺利地升至 2 400 mm ± 20 mm，在升弓过程中无阻滞现象，且传动风缸活塞杆无抖动。

（2）滑板下落时，应与两止挡同时接触，两止挡水平差不得超过 5 mm。

（3）调整滑板，使其在 400 ~ 1 900 mm 工作高度范围内及额定风压（500 kPa）下，接触压力为 70 N ± 15 N，上升与下降压力差不大于 15 N。

① 在滑板正中挂压 7 kg ± 1.5 kg 砝码，调节升弓弹簧拉力，使滑板能匀速地由 400 mm 升至 1 900 mm 处。

② 在滑板上增挂 1.5 kg 砝码后，滑板能够匀速地降至某一高度。

（4）在额定风压（500 kPa）下，受电弓由滑板最低点升至 1 900 mm 的时间不大于 9 s，滑板由 1 900 mm 降至最低点的时间不大于 8 s。

升降弓时间可以通过调整缓冲阀槽口尺寸改变，允许用锉修或锡焊处理。

（5）上升与下降特性：

① 受电弓在升起和下降的初始阶段动作应快。

② 受电弓在升起和下降的终了要慢，对接触网及底座均无有害冲击。

调整方法可以通过调整缓冲阀槽口大小及扇形板调节螺丝之高低来改变其缓冲性能。

（6）滑板在工作高度范围内，横动量≤30 mm；在 1 250 mm 工作高度范围内，滑板的高低偏差应≤15 mm。

（7）额定风压下，通风 5 min，风路无漏泄。

四、项目实施

1. 劳动组织形式

对学生进行分组：学生每 5 ~ 6 人组成一个工作小组，各小组制订出实施方案及工作计划，组长协助教师参与指导本组学生学习，检查项目实施进程和质量，制定改进措施，共同完成项目任务。

2. 工具材料准备

（1）作业工具：钢丝刷，拔轴器，铜锤、铜棒，砝码（5.5 kg、1.5 kg、1 kg），秒表，高度量尺（0~2 500 mm），游标尺（0~500 mm），千分尺（0~100 mm）。

（2）作业材料：汽油，棉丝，防锈漆，灰色磁漆，3#锂基脂等。

（3）使用设备：降弓弹簧拆装专用台，碳条磨削台，试验台，滑板支架，碳条切割机。

3. 作业要求

（1）正确着装，穿戴好劳动保护用品。

（2）正确使用工、卡、量具。

（3）注意自身安全及他人安全，严禁违章作业。

4. 项目评价

按时间、质量、安全、文明、环保要求进行考核。学生按照表 8.1 进行项目考核评分，先自评，在自评的基础上，由本组的同学互评，最后由教师进行总结评分。

表 8.1 项目考核评价表

项目要求	考核标准	考核结果
（1）时间要求	（1）不超过规定时间	（1）有一项不符合要求不合格； （2）合格成绩为 60 分
（2）质量要求	（2）检修、维护质量符合标准	
（3）安全要求	（3）符合安全操作规程	
（4）文明要求	（4）做到文明"生产"	
（5）环保要求	（5）检修过程符合环保要求	
项目拓展		20 分
项目作业		20 分
成　绩		

注：如出现重大安全、文明、环保事故，则本项目（单元）考核记为不合格。

五、项目实施过程中可能出现的问题及对策

可能出现的问题：受电弓落弓不到位。

故障原因：这种现象一般是由于滑板磨耗后弓头重量减轻造成的。

采取措施：

（1）检查扇形板靠弹簧侧的调整螺钉是否过高；

（2）调整拉杆绝缘子的拉杆长度，使之增长，以便增加降弓弹簧的降弓力矩；

（3）检查传动风缸和受电弓之间在车顶盖上的安装距离是否发生变化。

六、项目作业

完成 TSG1-600/25 型单臂受电弓的检修与维护的学习任务单。

项目九 主断路器的检修与维护

一、项目任务及要求

对 SS_3 4000 系电力机车 TDZ1-200/25 型空气断路器进行解体、检修维护与组装。
时间要求： 教学学时 4 课时。
质量要求： 符合成都铁路局电力机车电器检修质量验收相关标准和技术规程。
安全要求： 严格按照安全操作规程进行项目作业。
文明要求： 自觉按照文明生产规则进行项目作业。
环保要求： 努力按照环境保护要求进行项目作业。

二、项目分析

主断路器连接于受电弓和主变压器原边绕组之间，安装在机车车顶中部，是电力机车电源的总开关及主要保护装置。当主、辅助电路发生短路、过载、接地、整流臂击穿、牵引电机环火、调压开关卡位、零压等故障时，主断路器快速动作，自动跳闸，切断机车电源，以免使故障扩大或损坏其他电气设备。

理论链接 1：TDZ1—400/25 型主断路器结构

SS_3 4000 型电力机车上装有一台 TDZ1—400/25 型主断路器，其结构如图 9.1 所示。

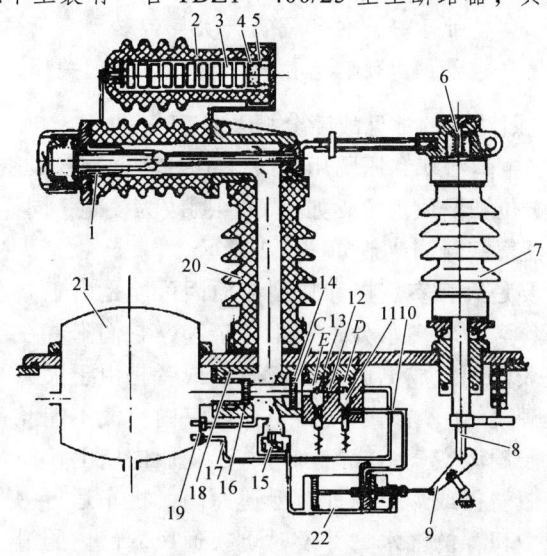

图 9.1　TDZ1—400/25 型空气断路器

1—灭弧室；2—非线性电阻瓷瓶；3—非线性电阻片；4—干燥剂；5—弹簧；6—隔离开关；7—转动瓷瓶；8—控制轴；
9—传动杠杆；10—气管；11—合闸阀杆；12—启动阀；13—分闸阀杆；14—主阀活塞；15—延时阀；
16—阀门；17—气管；18—主阀；19—塞门；20—支持瓷瓶；21—储气缸；22—传动气缸

主断路器所有部件以安装在机车顶盖上的底板为界，分为上、下两大部分。

理论链接2：TDZ1—400/25型主断路器结构——高压部分

高压部分包括主触头系统、非线性电阻、隔离开关、支持瓷瓶及转动瓷瓶等部件。

理论链接3：TDZ1—400/25型主断路器结构——低压部分

低压部分包括储风缸、主阀、启动阀、延时阀、传动气缸、合闸电磁铁、分闸电磁铁、定位机构及辅助开关等部件。主断路器的开断或闭合是通过控制分闸或合闸电磁铁线圈电流来实现的。

理论链接4：TDZ1—400/25型主断路器分闸原理

开断时，主断路器处于闭合状态。从机车控制电路传来的开断信号电压通过辅助开关，使分闸电磁铁线圈得电。电磁铁的衔铁撞击启动阀分闸阀杆，启动阀迅速排气，压力骤减，迫使主阀迅速打开。压缩空气进入主阀后分成两路，一路进入灭火室，开断电路，熄灭触头间的电弧；另一路进入延时阀，经过适当的延时后，再进入传动气缸装置，推动隔离开关打开。隔离开关转动，通过辅助开关切断分闸电磁铁线圈电源。此时，隔离开关和传动气缸保持分闸状态，而启动阀、主阀、延时阀和主触头等都恢复到开断前的闭合状态。

理论链接5：TDZ1—400/25型主断路器合闸原理

闭合时，合闸信号通过辅助开关联锁触头使合闸电磁铁的线圈得电，电磁铁的衔铁撞击启动阀合闸阀杆，通过启动阀的阀口将压缩空气送入传动气缸。推动活塞向左移动，通过传动机构带动转动瓷瓶转动，使处于分闸位的隔离开关闸刀转到合闸位。与此同时，辅助开关也跟着转动，切断了合闸电磁铁的电源，合闸阀杆复位，阀门关闭，闭合过程结束。

TDZ1-200/25型空气断路器的常见故障分析及处理方法：

（1）主阀卡位漏风：主阀活塞和压圈用螺纹联结夹紧O型橡胶密封圈，这种结构在冬夏温差较大时，极易发生卡位和漏风现象；如将O型圈改为皮碗，同样用螺纹夹紧，则对温度变化适应性较强。主阀活塞密封圈改造如图9.2所示。

（2）灭弧室故障主要是灭弧室烧损和炸裂：原因可能是由于储风缸中压缩空气不干净，含有较多水分、灰尘和杂物，它们附着在瓷瓶内壁上，引起内壁表面闪络放电而烧损瓷瓶；或者是由于灭弧室通风塞门内滑石粉受潮凝结，堵塞了气路，灭弧室内空气不能经常保持一个正压，使入浸潮湿空气结成露水附着于瓷瓶内壁上，而引起的表面放电，使瓷瓶烧损或炸裂。针对上述原因，机车运行中应及时排放油水分离器中积存的油水，并及时更换通风塞门内的滑石粉，还应尽量避免经常在较大负荷下开断电路，或在风压较低时断开主断路器。

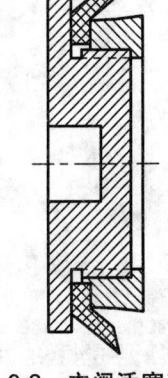

图9.2 主阀活塞改造

（3）非线性电阻瓷瓶烧损：主要是由于灭弧室主触头接触不良，

导致非线性电阻长时间通过交流电流、温升过高所致。另外，由于非线性电阻本身两端密封圈不良，内部吸潮后未能及时干燥，如果电阻片与接触板接触不良，在长期震动下，电阻片两侧端面上的铝层因磨损而脱落，积累过多时，也会导致瓷瓶内腔放电而使瓷瓶炸损。

（4）隔离开关故障：若检修和组装工艺不良，隔离开关就会在开、闭过程中失去缓冲作用，造成刀杆断裂、传动瓷瓶损坏、控制轴断裂等故障。因此，检修时应注意缓冲气缸逆止阀和排气孔调节螺栓的安装与调节。

三、项目实施的路径与步骤

（一）项目路径

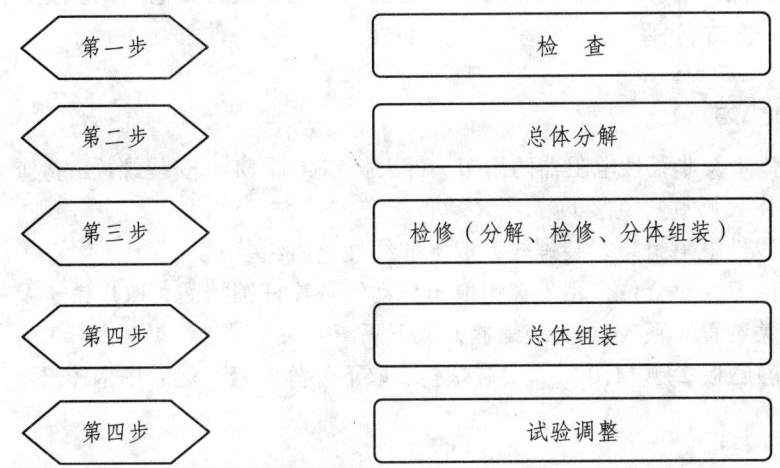

（二）项目步骤

 理论链接 1：TDZ1-200/25 型空气断路器的基本技术参数

（1）灭弧室主动、静触头超程 11 mm ± 21 mm 或超程 8.5 mm ± 1.5 mm。

（2）隔离开关与静触板闭合后，两动触指根部间隙 ≥ 2 mm。

（3）灭弧室主动、静触头的接触电阻 ≤ 200 μΩ。

（4）主断路器高压回路电阻值（转动瓷瓶与灭弧室间的总电阻）≤ 800 mΩ。

（5）主断路器固有动作时间（操纵气压 700～900 kPa，控制电压 110 V ± 5%）。

① 断路器固有分闸时间 ≤ 0.030 s。

② 断路器灭弧触头分断瞬间到隔离闸刀刚分断时间为 0.035～0.055 s。

③ 断路器合闸时间 ≤ 0.1 s。

（6）主阀活塞腔内径 ≤ (70 + 0.15) mm。

（7）主阀活塞外径 ≥ (70 − 0.15) mm。

（8）阀杆与活塞、滑块的配合间隙≤0.25mm。
（9）启动阀阀孔内径≤（9+0.10）mm。
（10）分、合闸阀杆直径≥（9-0.10）mm。
（11）主阀塔行弹簧自由高度≥39 mm。
（12）最低控制电压 88 V，在最大工作气压 900 kPa 和最小工作气压 400 kPa 时，断路器应可靠动作。
（13）分、合闸线圈电阻值（20 ℃）21～24 Ω或 31～36 Ω。
（14）控制轴规格及所采用的材料：ϕ25 mm、30#～35# CrMo 钢。
（15）各阀、传动气缸、风管路、塞门无漏泄。
（16）各部清洁度须达到《电力机车部件清洁度标准》的要求，检修或存放时各部件不得落地。

步骤一　检　查
解体前检查隔离闸刀闭合位与静触板中心偏差，上试验台做电气试验。

步骤二　总体分解

1. 高压部分

（1）取灭弧室及非线性电阻器防雨罩，拆灭弧室 4 颗 M10 安装螺栓，检查灭弧室主触头超程，注意接住灭弧室避免落下。
（2）拆非线性电阻组装安装螺栓，取下非线性电阻组装。
（3）隔离闸刀在闭合位，用外撑钳取出传动气缸连杆销挡圈，取出销子及杠杆组装弹簧后，拆隔离开关装置 4 颗 M10 安装螺栓，取下隔离开关组装。
（4）卸下静触板 2 颗 M10×35 安装螺栓，取下外静触板，然后用木棒敲静触头，抽出静触头组装。

2. 低压部分

（1）拆主阀、延时伐、启动伐、传动气缸、储风缸上的各风管路。
（2）松主阀 4 颗 M12 的安装螺栓，取主阀、启动阀组装时，注意托住主阀后，拆除安装螺栓。
（3）拆传动气缸 4 颗 M8 安装螺栓，取下传动气缸。
（4）卸控制轴轴套紧定螺栓，取下轴套。
（5）卸杠杆组装的圆锥螺栓和紧定螺栓，敲下杠杆。
（6）拆电磁铁装置线圈接线及装置安装螺栓，取下电磁铁组装。

步骤三　检　修

1. 灭弧室检修

（1）解体。
① 拆下外罩 M6 安装螺栓，取下外罩。
② 取接触管弹簧，拆 M6×14 接触板安装螺栓，取下接触管。
③ 用专用工具慢慢拆下动触头复原弹簧座，注意不要用力过猛，以免弹簧弹出，然后依次取出圆筒、缓冲垫、弹簧、动触头。

理论链接 2：灭弧室的结构

弧室的主体是空心瓷瓶，装有静主触头和动主触头。静主触头固装在触头杆的一端，其头部为球状并镶有耐电弧的钼块，以提高耐弧性能，静主触头杆的另一端固装在气道接头上，并与隔离开关的静触头相连，其接触面有沟槽，以利于静主触头杆可靠接触，如图 9.3 所示。

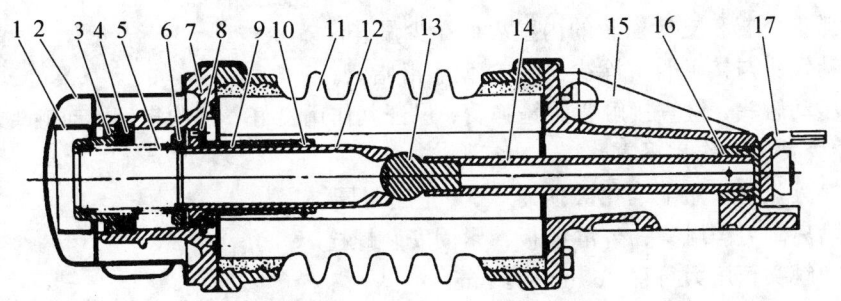

图 9.3 灭弧室的结构

1—网罩；2—外罩；3—挡圈；4—缓冲垫；5—弹簧；6—弹簧座；7—法兰盘；8—固定圈；9—接触管；10—弹簧；
11—灭弧室瓷瓶；12—动触头；13—静触头；14—静触头杆；15—风道接头；16—套筒；17—隔离开关静触头

动主触头为管状，工作端的管壁做成弧形，形成一"喷口"，以利于静主触头球面的良好接触及产生良好的吹弧作用。弹簧座接有张力较大的压缩弹，此弹簧一方面使动、静主触头间具有一定的接触压力，另外还能使动静主触头开断后能自行恢复闭合状态。法兰盘引入的高压电源通过导电管传至动主触头。缓冲垫是用来缓和动主触头开断时弹簧对圆筒的撞击。网罩在动主触头开断过程中起消音作用，而外罩可防止外界脏物沾污主触头，其下部有一排气孔。

 理论链接 3：灭弧室的作用

在平时，动主触头借弹簧的压力压在静主触头上。当压缩空气进入灭弧室 A 腔时，气压使动主触头克服弹簧的弹力向左移动，静主触头间产生的电弧由进入动主触头"喷口"内的压缩空气强迫熄灭，废气通过网罩由外罩下方孔排入大气。

（2）检修。

① 检查，灭弧弹簧自由高 145 mm ± 2 mm，不变形、锈蚀、弯曲。箍紧弹簧挂钩牢固，作用良好。

② 消音罩有开焊时，可焊修；罩锈蚀严重、厚度小于原形的 1/3 时，需更换。

③ 动触头表面光洁，喷口有烧痕、氧化物时，可用半圆锉刀打磨，触头尾部与联接件应联接牢固，不得松动。动触头长度为 173 mm ± 2 mm。

④ 接触管有轻微变形时，可整修，管爪应无断损，箍紧弹簧挂钩应作用可靠，压力在 120×（1±5%）N 范围内。圆筒、弹簧座应无裂损。老化的缓冲垫应更换，消音器无破损。

⑤ 静触头组装及静触板检修：

打磨静触头表面烧损痕迹，凹痕应 < 1.5 mm，触头钼板不松动，缺损、脱落者应更换重铆，铆接牢固，使静触头与导杆连接销不松动。弹性卡圈应作用良好，套管无缺损及变形。弹性压片应无断裂，作用良好。导电片应无断裂及变形。静触头杆上缓冲弹片应无裂损，作用良好，各销无松动、断裂。静触头与杆配合间隙为 0.05 ~ 0.1 mm，杆与杆配合间隙为 0.05 ~

0.1 mm。静触头组装长度为 318$^{+2}_{-0}$ mm，否则应更换。缺损面积大于 3 cm² 时应更换瓷瓶。

⑥ 解体与风道接头（主静触头和隔离开关静触头组装安装座）联接的灭弧瓷瓶和支持瓷瓶，解体后用砂布打磨和处理锈蚀的接触面并清洁，更换 O 型密封橡胶圈，然后再组装和紧固螺栓。

（3）灭弧室组装。

按解体相反顺序进行：

① 灭弧室瓷瓶和支持瓷瓶的内壁表面涂少量硅油。

② 在动触头与接触管上涂少量 89D 型润滑脂。

③ 手压动触头，检查接触管紧箍弹簧，保证其作用良好，挂钩牢固，动触头动作灵活不卡滞，复原弹簧复位作用可靠。

④ 更换灭弧室瓷瓶上老化破损的"O"形密封圈。

⑤ 装隔离闸刀静触头，外静触板，紧固安装螺栓。

⑥ 主动触头预压力行程 36 mm ± 1 mm。

2. 非线性电阻检修

（1）解体。

取防雨罩，拆压板上 4 颗 M8×16 安装螺栓，依次取压板、"O"形密封圈（85×5.3）、弹簧、干燥器、接触片电阻片、垫圈。

理论链接 4：非线性电阻

由 10 片非线性电阻片串联而成的非线性电阻并联在动、静主触头两端，用以防止主断路器分闸时的过电压。这种电阻采用碳化硅和结合剂烧结而成，并置于空心瓷瓶腔中，内装有干燥剂，右端装有弹簧，保证电阻之间以及电阻与外部连接之间的接触压力，减小接触电阻，如图 9.4 所示。

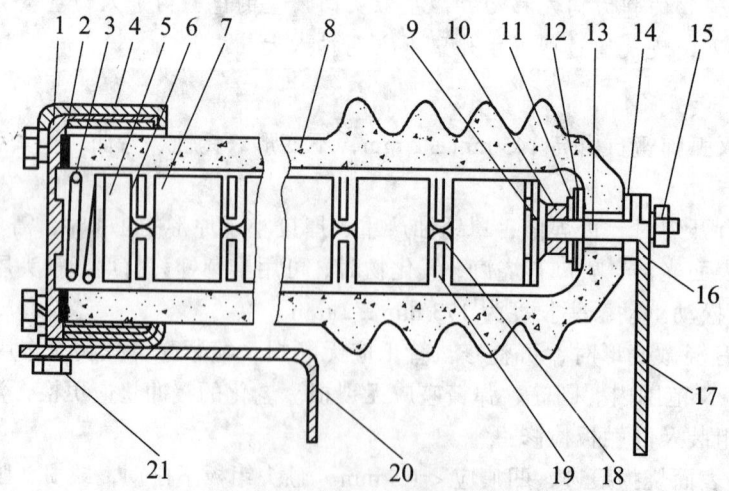

图 9.4 并联非线性电阻

1—密封环；2—密封圈；3—弹簧；4—外罩；5—干燥器；6—接触片；7—电阻片；8—绝缘瓷瓶；9—垫圈；10—止挡；11—垫圈；12—酚醛垫圈；13—连接件；14—密封圈；15—螺母；16—垫圈；17—支架；18—接触铝板；19—酚醛垫圈；20—支架；21—螺栓

主断路器分闸时，动、静主触头间产生电弧，在熄弧过程中，触头间的电压将急剧增加。当电压增加到一定值时，非线性电阻值迅速下降，主触头上的电弧电流迅速转移到非线性电阻上，既可防止产生过电压，又有利于主触头上的电弧熄灭，减少触头电磨损。随着非线性电阻两端电压的降低，其阻值又迅速增大，以减小残余电流，利于隔离开关分闸。

（2）检修。
① 弹簧应无断损，锈蚀者应更新，干燥剂（硅胶）变色时应更换。
② 打磨接触片（软铜带）上的污垢、氧化物。
③ 非线性电阻（Sic）片应无过热变色、烧痕、缺损，不良者应更换。
④ 非线性电阻瓷瓶烧损、缺损不到限时，按瓷瓶检修要求处理。
⑤ 橡胶密封圈应不老化破损，支架密封垫应更换。

（3）组装。
按解体相反顺序进行。组装时注意垫片应装在瓷瓶最里面，电阻片间的接触片应无遗漏；安装盖板时，4颗螺栓对角均匀紧固。

3. 当隔离闸刀检修

（1）解体。
① 拆隔离开关的弹簧组装，取出连接件、滚珠、导向垫圈、法兰盘。
② 卸动触指安装螺栓，取下动触指、弹簧装置。

 理论链接5：隔离开关

隔离开关是主触头灭弧之后用来隔离主电路的，它装在转动瓷瓶上，转动瓷瓶经操纵轴与传动装置连接。当操纵轴转动时可使隔离开关产生分闸或合闸动作。隔离开关的结构如图9.5所示，由动触指、弹簧装置、隔离开关闸刀、法兰盘、铜滚珠、连接件及弹簧装置组成。

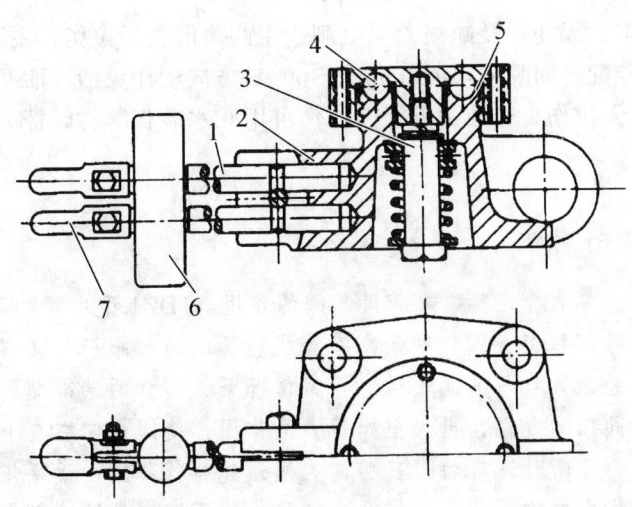

图9.5 隔离开关
1—隔离开关闸刀；2—法兰盘；3—弹簧装置；4—钢球；5—连接件；6—弹簧装置；7—触指

（2）检修。

① 更换厚度小于 8.4 mm 的动触指（原形 $10_{-0}^{+0.1}$ mm）。

② 触指弹簧装置套筒与垫圈铆接牢固，弹簧无断损、疲劳。

③ 铜滚珠（ϕ13）及法兰盘滚道无烧痕、剥离、电腐蚀、变形、滚珠椭圆及剥离 > 30% 时，需更换。

④ 隔离闸刀弹簧组装的，绝缘垫圈（3201 层压纸板 0.5）无损，轴销丝扣完整，无滑扣，挡圈作用可靠。

⑤ 导向垫圈表面平整、光洁。

⑥ 把闸刀杆与法兰盘连接螺栓取出，将闸刀杆往外侧敲出，检查刀杆，应无裂纹。

⑦ 若需更换弹簧组装时，应用专用工具将弹簧压缩后，用卡圈钳取出挡圈、绝缘垫、轴承及弹簧后，更换不良部件。

（3）组装。

按解体相反顺序进行：

① 检查闸刀与法兰盘配合，应不松动，螺栓紧固。

② 两触指根部无间隙、密贴。

③ 连接件与弹簧装置轴销连接紧固，转动检查，确保上连接座与法兰盘之间转动灵活，活动部件涂适量 89D 型润滑脂。

4. 主阀检修

（1）解体。

用专用工具取下弹性卡圈，取出塔形弹簧主阀块、活塞、活塞杆杆套，用汽油清洗各部。

（2）检修。

① 主阀阀面平整（组装时用未使用的一面或换新）。

② 检查塔形弹簧，应无变形，自由高原形 42.5 mm，检修时应不小于 39 mm；弹性卡圈良好，应无裂损。

③ 主阀阀口平整，无变形及缺损，无毛刺，主阀块滑轨无拉伤，主阀运动灵活。

④ 活塞与活塞腔配合间隙应 ≤ 0.30 mm，360 °C 方向动作灵活。活塞杆与杆套配合应灵活，间隙适当，腔壁无拉伤，光洁，有轻微拉伤可用 $0^{\#}$ 水砂打磨；阀杆无弯曲变形、裂损和无过量磨耗。

理论链接 6：主阀

主阀属于差动阀，在主断路器中起着供气阀的作用。TDZ1 型主阀如图 9.6 所示，主要由阀体、阀门、阀块止挡、弹簧、阀杆和活塞等组成。阀门通过阀杆和活塞等组成一体，利用阀门和活塞间的压力差来开启与关闭气道。正常情况下，阀杆两端都受到压缩空气的作用，由于活塞的直径大于阀门的直径，再加上弹簧力的作用，使阀杆向左有个合成力，该力使阀门紧闭。主断路器进行分断时，启动阀 E 腔向大气迅速排气降压，活塞作用到阀杆的力迅速减小，阀杆的合成力指向右侧，使阀门打开，储风缸的压缩空气迅速经主阀、支持瓷瓶进入灭弧室进行分断动作。

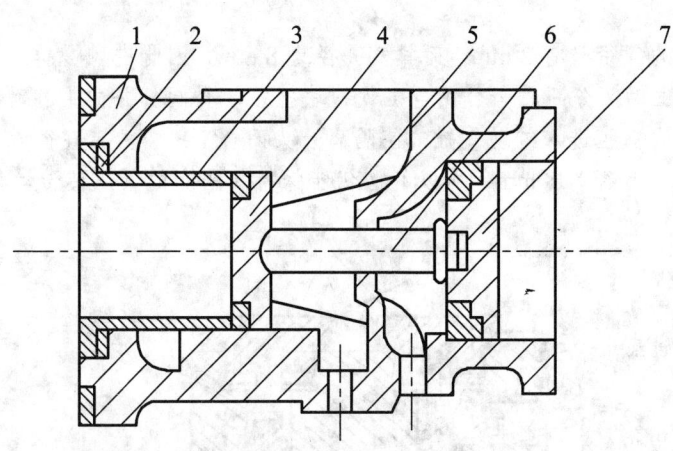

图 9.6　差动式主阀
1—主阀体；2—密封圈；3—衬套；4—阀门；5—弹簧；6—阀杆；7—活塞

（3）组装。

按解体相反顺序进行：

① 滑动面及活动部件涂少量 89D 型润滑脂。

② 阀块与阀杆活塞往复运动应无卡滞现象。

③ 主阀行程 10 mm。

④ 弹性卡圈装到位。

⑤ 在 900 kPa 气压下试验，主阀应无泄漏。

5. 启动阀检修

（1）解体。

卸下启动阀螺母后取出弹簧，用一字螺丝刀顶住阀杆头后，拆掉阀杆上的 M5 螺钉，从反方向取出阀杆。

（2）检修。

① 检查阀体，应无裂纹、砂眼。

② 阀杆不弯曲变形，弹簧应无疲劳、变形、锈蚀。

③ 更换破损的 2 mm 厚的石棉纸板密封垫。

④ 检查耐油橡胶密封圈，阀面应平整、无凹陷。不良时需更换密封圈（$\phi 8$ 耐油橡胶）。先将旧橡胶垫清扫干净，在车床上找正阀上端面，接触面不允许有残余环氧树脂。密封圈与阀体用环氧树脂粘牢，残余黏剂可用白布甲苯蘸擦拭干净。

 理论链接 7：启动阀

启动阀是主断路器分断时使主阀动作，合闸是使传动气缸动作的装置。TDZ1 型主断路器启动阀如图 9.7 所示，由分闸阀和合闸阀两部分组成。左边阀杆为分断阀杆，右边阀杆为闭合阀杆，均由相应的电磁铁来操纵。在电磁铁未撞击阀杆时，阀门在弹簧和压缩空气作用下关闭着，E 腔和 D 腔都充满来自储风缸的压缩空气，E 腔和主阀相通。当分闸电磁铁撞块撞击分断阀杆并向上移动时，阀门打开，E 腔内的压缩空气经阀门和排气孔向大气排出。由于压缩空气从储风缸进入 E 腔的管径只有 2 mm，而排气孔径为 8 mm，因此进风慢排风快，E 腔气压骤减导致主阀动作，使主锄头分断。当合闸电磁铁撞块撞击闭合阀杆并向上移动时，阀门打开，D 腔压缩空气经阀门从 F 腔进入传动气缸，使隔离开头闭合。F 腔内有直径为 2 mm 的排气孔，进入 D 腔的压缩空气管径为 8 mm，所以 F 腔仍能保持相当高的气压使传动气缸动作。

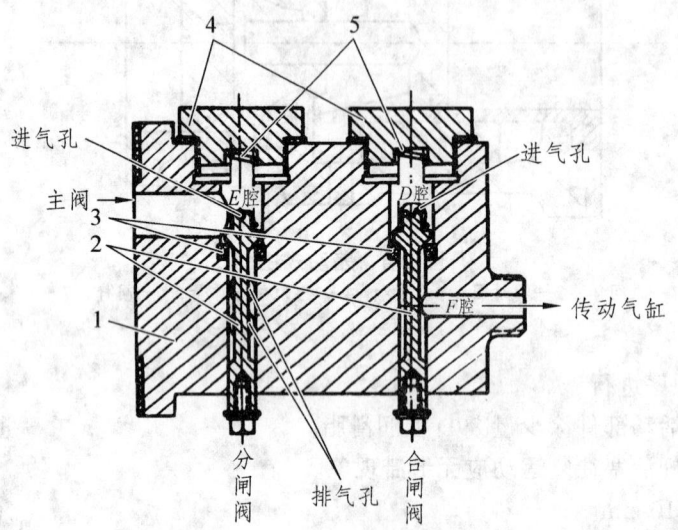

图 9.7 TDZ1 型启动阀图
1—阀体；2—阀杆；3—密封圈；4—螺母；5—弹簧；6—延时阀

（3）组装。

按解体相反顺序进行。组装时阀杆涂少量 89D 型润滑脂，手按阀杆，分合闸阀杆动作灵活、不卡滞，衔铁与启动阀杆的距离为 5~10 mm，复原性能良好。

6. 延时阀检修

（1）解体。

拆阀盖 M6×45 安装螺栓，取上盖弹簧、阀、阀体、阀杆、膜板、密封环，用汽油清洗各部。

（2）检修。

① 阀杆与膜片接触端面平整，无毛刺，膜片表面有残损、压痕较深、无弹性者应更换膜板，磷铜皮 0.2 mm。

② 弹簧无疲劳、变形、锈蚀，否则应更换。

③ 储风室体上的调节螺丝扣完好。

 理论链接 8：延时阀

延时阀如图 9.8 所示。在分断过程中，储风缸的压缩空气通过主阀进入灭弧室，也进入延时阀，经过一定的延时控制后，再进入传动气缸装置，使隔离开关分闸动作。延时功能由延时阀实现。从主阀来的压缩空气，经延时阀阀盖上的进气管路、阀体上的通道、调节螺钉与阀座通孔之间的间隙进入膜片下部的阀体空腔内。因为管路截面小，风阻大，膜片下部的气压上升得较慢，经过一定延时后，膜片下部气压所产生的推力足以推动阀杆，打开阀门，这时大量压缩空气通过

阀口进入传动气缸装置。延时长短可以通过调节螺钉改变气路风阻的大小来改变。

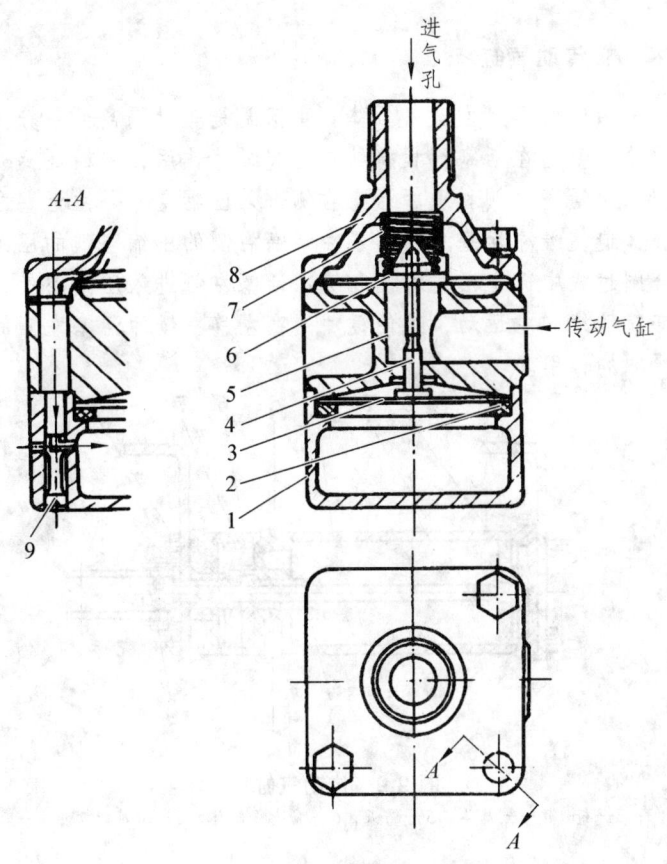

图9.8 延时阀

1—阀座；2—密封环；3—膜片；4—阀杆；5—阀体；6—阀；7—弹簧；8—阀盖；9—调节螺钉

（3）组装。

按解体相反顺序进行：

① 阀行程35 mm，阀杆与膜杆间有0.5 mm左右的间隙，不得压死。

② 延时阀调节螺钉与储风室内腔$\phi 3$孔对准。

③ 膜片在组装时涂少量铁道脂点油。

④ 阀杆与阀体间隙0.025~0.07 mm。

7. 传动气缸装置

（1）解体。

① 卸下螺杆螺母，抽出螺杆，取下支架，分解活塞组装和气缸体。

② 用汽油清洗各部。

（2）检修。

① 气缸体内壁光洁、无拉伤。活塞环无拉伤、变形，活塞与活塞杆焊接处无裂纹。活塞环断损、偏磨、无弹性者应更换。

② 活塞杆不弯曲、变形，套筒与活塞杆径向间隙为0.03~0.2 mm，表面光洁，无裂纹。

③ 主气缸、隔板、缓冲气缸各接合面平整。

理论链接 9：传动气缸

传动气缸结构如图 9.9 所示。左边气缸体和主活塞是驱动隔离开关分闸和合闸的动力部件，缓冲气缸体和缓冲活塞是在活塞行程将结束时起缓冲作用，减缓隔离开关动作过程中的冲击。在分断过程中，主活塞左侧和缓冲活塞右侧进入压缩空气。主活塞向右运动碰到套筒时，使套筒随之右移，迫使缓冲活塞右移，缓冲活塞右侧的压缩空气的压缩和释放，就起缓冲作用。同理，在合闸过程中，主活塞右侧和缓冲活塞左侧进入压缩空气，随着主活塞向左运动，连杆销碰到套筒继续向左运动，迫使缓冲活塞左移，缓冲活塞左侧的压缩空气的压缩和释放，同样起到缓冲的作用。

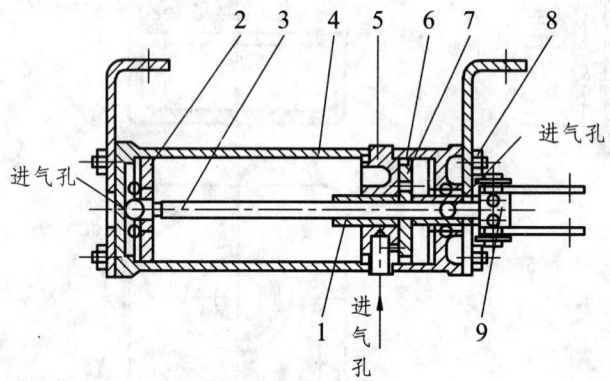

图 9.9　传动气缸

1—套筒；2—主活塞；3—杆；4—气缸体；5—隔板；6—缓冲气缸体；7—缓冲活塞；8—套筒；9—连杆销

（3）组装。

① 组装时，各气缸内壁、活塞、活塞杆、套铜、连杆加适量 89D 型润滑脂。

② 检查活塞环装入风缸后，合口闸隙≤0.5 mm，传动气缸支架、风管出口、风口位置如图 9.9 所示。

③ 连杆与连杆销装配牢固，4×30 mm 的鼠尾销（1∶50）与连杆配合紧密，连杆销上的两锥孔应与活塞组装配合，保证活塞行程为 126 mm，圆锥销打入孔牢固后，用扁铲将销端缺口涨开。

④ 气缸传动组装后，手拉动活塞杆往返运动应无卡滞现象。

8. 控制轴检修

（1）解体。

① 拆轴套、扇形齿轮、传动杠杆组装。

② 冲出法兰盘与轴鼠尾销（8×45）（1∶50），用拔轴器拔出法兰盘。

③ 用小于控制轴直径的紫铜棒从控制轴上部向下打出控制轴。

④ 卸掉轴承支架 M8×4 安装螺栓，取下轴承组装。

（2）检修。

① 检查轴承，应转动灵活，无卡滞，轴承内套应无裂纹，否则应更换。轴承支架、轴承盖应无变形、裂损。

② 检查轴与法兰盘配合间隙：控制轴 $\phi(25+0.02)$ mm，法兰盘孔 $\phi(25+0.023)$ mm（原形），轴键配合紧密，键（8-0.03）mm，键槽（8+0.03）mm。

③ 杠杆组装的弹簧叉口无裂损，弹簧自由高 106 mm。（$\phi30$，$\phi28$ 两个）

④ 检查轴套，轴销应良好，丝扣应完整。扇形齿轮与传动齿轮齿形应无过量磨耗。扇形齿轮模数 $m=3$，齿数 $z=38$，扇形齿数 $y=12$。

（3）组装。

按解体相反顺序进行：

① 调整杠杆组装位置，使隔离闸刀开、闭位置准确。调整传动齿轮啮合位置，使辅助联锁开关触头开闭接触位置正确。

② 轴承垫安装时，轴承及活动部件加适量 89D 型润滑脂，内外不得装反，上轴承安装时与轴承支架配合紧密，下轴承安装时与控制轴配合紧密。

③ 若需更换控制轴，则重新钻配鼠尾肖孔时，应在杠杆组装与控制轴全部组装后，使传动气缸活塞杆和隔离闸刀处于闭合位时，配钻圆锥销孔。（$d=10$ mm，$K=1:50$）

9. 电磁铁装置检修

（1）解体。

① 卸撞头、夹板、压板螺栓，取出铁心装配。

② 抽出衬套、套筒，取出线圈。

 理论链接 10：电磁铁

分合闸电磁铁为螺管直动式结构，如图 9.10 所示。当电磁铁线圈接到信号后，衔铁被吸入线圈，带动撞块去撞击相应的阀杆，使启动阀动作。当电磁铁线圈接到信号使线圈断电时，在弹簧的作用下衔铁又恢复到原来的位置。

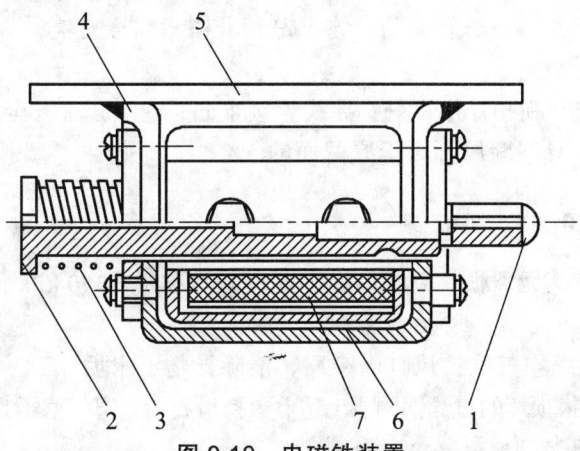

图 9.10 电磁铁装置

1—撞铁螺母；2—铁心；3—弹簧；4—左右夹板；5—磁轭；6—衬套；7—线圈

（2）检修。

① 检查、打磨铁心，使其表面光洁，铁心与螺杆装配应紧固到位。弹簧应无断损，复原作用可靠。

② 检查线圈外观,应无烧痕,环氧树脂无剥离。线圈抽头接线座不松动。测量线圈阻值为 $24^{+8\%}_{-5\%}$ Ω 或 31~36 Ω。

③ 磁轭焊缝应无裂纹,夹板孔中心大于磁轭孔,否则应用圆锉锉修。套筒表面可用砂布打磨毛刺和污垢。铁心撞块头螺扣应完整。

(3) 组装。

按解体相反方向进行:

铁心动作无卡滞现象,铁心行程分闸阀 9~10 mm,合闸阀 9~12 mm。(供参考)分闸弹簧总圈数 10.5,有效圈数 8.5;合闸弹簧总圈数 16,有效圈数 14。

10. 低压控制线路部分

(1) 辅助开关。

辅助开关中,联锁触点清洁,无烧损,胶木件无裂损,转轴无弯曲,支架无变形,垫圈齐全。

理论链接 11:辅助开关

辅助开关由万能转换开关改装而成的,是控制分、合闸电磁铁线圈通电或断电的低压联锁装置,它通过不完全齿轮与操纵轴齿轮啮合。隔离开关的分、合闸对应它的两个工作位置,根据控制电路的需要,用了 6 个联锁触头,其中 1 个常开和 1 个常闭触头分别串入分闸和合闸电磁铁线圈电路里。在主断路器动作完成后立即切断相应的电磁铁线圈电路,以防线圈通电时间过长而烧毁,并为下次动作作准备。它的引出线通过插座与插销同有关控制电路相连接。

辅助开关的作用如下:一是接受机车控制电路的电信号,控制分、合闸电磁铁的动作;二是乍分、合闸之间的电气联锁,即分闸完成后切断分闸线圈电路,接通合闸线圈电路,为下一步合闸动作做好准备,保证下一步只能是合闸动作而非分闸动作,反之亦然;三是与信号控制电路瑁连,显示主断路器所处的状态,分闸状态时信号灯亮,合闸状态时信号灯灭。

(2) 插座与低压导线。

插座无裂损,定位和锁扣作用良好,导线焊接牢固,绝缘套管齐全。低压导线布线整齐,线号齐全清晰、正确,导线断股不大于原截面的 5%。

11. 储风缸及通风塞门检修

(1) 储风缸外观检查无裂损,裂纹可焊修处理,但需经 1 350 kPa、1 min 水压试验合格,无机械损伤。

(2) 用 500 kPa 压缩空气吹扫风缸内杂质,清除异物、水垢。

(3) 通风塞门,更换损坏的过滤铜网、毛毡。更换滑石粉,塞门塞子紧固,并用扁铲作记号。

步骤四 整体组装

按解体相反顺序进行:

1. 灭弧室

主动、静触头中心基本一致,超程 9~12 mm 或 8.5 mm±1 mm。灭弧罩排风口向下安装。

2. 隔离开关

（1）调整静触板安装位置，使静触板与动触指接触良好。注意静触板与主静触头安装套筒齿面啮合良好。

（2）隔离闸刀完全闭合后，两动触指根部间隙＞2 mm，隔离开关动、静头中心轴线偏差≤5 mm 及接触线长度≥15 mm，符合基本技术要求规定。可调整转动瓷瓶和隔离闸刀装置安装位置或传动气缸衬套长度达到接触偏差值不超限。

（3）隔离开关断开角度约 70°左右。

3. 电磁铁装置

调整电磁铁装置安装位置，使铁心撞块与启动阀杆中心一致，撞块与启动阀撞头之间间隙符合最低工作电压 88 V，在最高控制气压下分、断正常。

在 900 kPa 气压下，断合主断路器、分合闸阀杆在电磁铁撞头打击下，不得撞击阀体。主阀、启动阀储风缸，传动气缸各管路、塞门风管路正确，密封垫齐全，无漏泄。

4. 传动气缸

调整传动气缸安装位置，使活塞杆与控制轴传动杠杆水平中心一致。调整传动气缸套筒长度，使隔离闸刀分合到位。

5. 低压控制部分

布线符合 SS_3 型机车原理布线图规定，线号齐全，接线紧固。调整扇形齿轮与传动齿轮的配合，使辅助联锁开关在分断主断路器时，可靠分断、接通控制电路。

步骤五　试　验

（1）接好试验台与断路器联接的插头，外接线应紧固，不得因接触不良影响测试的准确性。

（2）接好储风缸、传动气缸、启动阀等风管路，密封垫齐全、良好，管路、接头无漏泄。试验前检查供风塞门供风是否正常：撤除与供风塞门联接的风管螺母，在储风缸充风后，检查供风塞门出风口处应有少量的供风，否则应检修或更换供风塞门，保证供风作用良好，然后再安装和紧固风管螺母。

（3）开断、闭合主断路器，检查隔离闸刀开、闭位置正确，主阀排风量足，音响正常隔离闸刀断开无阶段性，且无回弹、抖动。闸刀断开后与静角板间隙≥220 mm，对地间隙≥250 mm，转轴转动 70°左右，闸刀夹力 156 N ± 20 N。

（4）动作时间测量（额定电压 110 V ± 5%）、工作气压（700 ~ 900 kPa）均应符合基本技术要求规定。

① 固有分闸时间测试、调整，符合技术要求。

② 隔离开关延时动作时间测试、调整，符合技术要求。

③ 固有合闸时间测试、调整，符合技术要求。

④ 最低工作气压 400 kPa 时，动作试验。

⑤ 最低工作电压 88 V 时，最高工作气压 900 kPa 时，动作试验，缓冲良好。

⑥ 最大气压 900 kPa 时，气密性试验。

⑦ 断路器整体综合试验合格后，在延时阀调节螺钉和阀体间做好漆封。

（5）刷漆。

① 清扫各瓷瓶连接铁件、法兰盘除锈，刷防锈漆后，再刷中灰醇酸磁漆。

② 清扫储风缸、底板，刷中灰醇酸磁漆。

四、项目实施

1. 劳动组织形式

对学生进行分组：学生每 5~6 人组成一个工作小组，各小组制订出实施方案及工作计划，组长协助教师参与指导本组学生学习，检查项目实施进程和质量，制定改进措施，共同完成项目任务。

2. 工具材料准备

（1）作业工具：拔轴器，卡圈钳，弹簧解体专用工具，电器钳工常用工具，专用试验台，微欧表，毫欧表，钢尺，500 V 兆欧表，数字万用表，数字钳型表，修理冰箱、空调的常用工具。

（2）作业材料：隔离开刀静触板，主动、静触头，非线性电阻片，干燥剂，延时伐膜片，风缸活塞环，分合闸线圈，轴承各型密封垫圈等。

（3）使用设备：主断路器测试台，主断路器工作架，天车。

3. 作业要求

（1）正确着装，穿戴好劳动保护用品。

（2）正确使用工、卡、量具。

（3）注意自身安全及他人安全，严禁违章作业。

4. 项目评价

按时间、质量、安全、文明、环保要求进行考核。学生按照表 9.1 进行项目考核评分，先自评，在自评的基础上，由本组同学互评，最后由教师进行总结评分。

表 9.1 项目考核评价表

项目要求	考核标准	考核结果
（1）时间要求	（1）不超过规定时间	（1）有一项不符合要求不合格；（2）合格成绩为 60 分
（2）质量要求	（2）检修、维护质量符合标准	
（3）安全要求	（3）符合安全操作规程	
（4）文明要求	（4）做到文明"生产"	
（5）环保要求	（5）检修过程符合环保要求	
项目拓展		20 分
项目作业		20 分
成 绩		

注：如出现重大安全、文明、环保事故，则本项目（单元）考核记为不合格。

五、项目实施过程中可能出现的问题及对策

可能出现的问题：主断路器检修完通电试验时，主触头与隔离开关同时断开。
故障原因：
（1）延时阀调节螺钉过松；
（2）延时阀弹簧疲软；
（3）延时阀阀片破裂。
采取措施：
（1）稍微紧固调节螺钉；
（2）更换弹簧和阀片。

六、项目作业

完成 TDZ1-200/25 型空气断路器的检修与维护的学习任务单。

七、项目拓展

TDVA-360/25 型真空断路器的检修与维护

 理论链接：真空断路器

TDVA-360/25 型真空断路器用于机车电源的开断、过载和短路保护。与空气断路器相比，它具有结构简单、工作可靠、动作速度快、绝缘强度高、维修方便等优点，其外形如图 9.11 所示。

1. 结　构

TDVA-360/25 型真空断路器以底板为界，分为上、下两部分。上部分为高压系统，置于机车顶部，主要由灭弧室、支持瓷瓶、绝缘推杆等组成；下部分为低压控制系统，置于机车内部，主要由传动气缸、储风缸及各控制元件等组成。

2. 动作原理

当真空断路器处于合闸状态、需要分闸时，控制电路中的分闸信号通过辅助开关常开触点，使分闸线圈得电，控制电磁阀动作关闭合闸气路，开通排气口，在分闸弹簧的作用下，带动灭弧室动触头动作，实现主断路器的分断过程。

当真空断路器处于分闸状态、需要合闸时，控制电路中的合闸信号通过辅助开关常闭触点，使合闸线圈得电，控制电磁阀动作，开通合闸气路，同时闭锁排气口，此时储风缸的压缩空气迅速进入传动气缸，驱动活塞运动，通过绝缘推杆传递，实现灭弧室机构闭锁，完成断路器的合闸过程。

为保证机车安全可靠运行,此型断路器设有在异常情况下的手动分、合闸装置。

图 9.11 真空主断路器外形

项目十 高压连接器的检修与维护

一、项目任务及要求

对 SS₃ 4000 系电力机车 TLGl-400/25 型高压连接器进行解体、检修维护与组装。
时间要求： 教学学时 4 课时。
质量要求： 符合成都铁路局电力机车电器检修质量验收相关标准和技术规程。
安全要求： 严格按照安全操作规程进行项目作业。
文明要求： 自觉按照文明生产规则进行项目作业。
环保要求： 努力按照环境保护要求进行项目作业。

二、项目分析

理论链接 1：TLG1 高压连接器的作用

高压连接器主要用于 SS₃ᵦ、SS₄ 型等固定重联的两台单节车之间的电路连接，当两个机车进行连挂时，自动连接两节车车顶的 25 kV 侧高压电路。它安装在每节车的车顶尾部，依靠机车连挂车钩的力量与车钩同时对接，分离时也随机车的车钩脱开而自动分离。

理论链接 2：TLG1-400/25 型高压连接器的结构和电气连接

单台高压连接器的结构如图 10.1 所示。

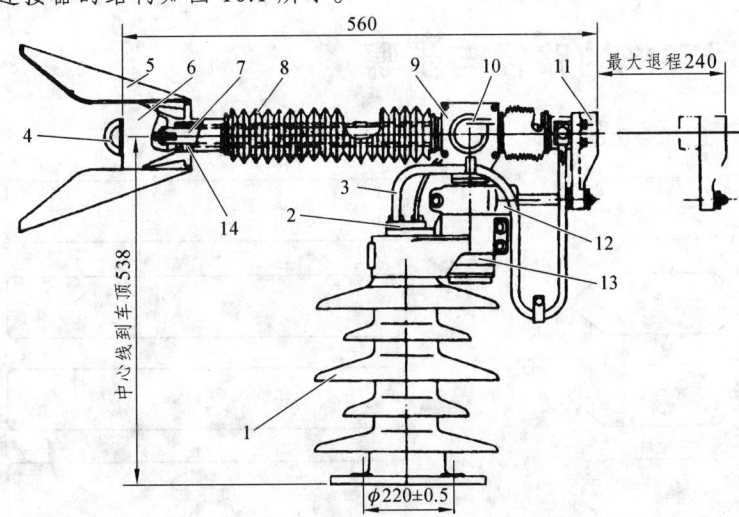

图 10.1 TLGI 型高压连接器外形图
1—支持绝缘子；2—导电极；3—软连接线；4—半环；5—羊角；6—喇叭形头部；7—导电杆；8—波纹管；
9—挡板；10—十字轴支承；11—止动器；12—球面止挡；13—缸体；14—伸张弹簧

（1）高压连接器的机械连接机构由导向羊角件、半环及叉形件、导电杆、伸张弹簧、十字轴支承体、止动器、支承缸件及支持瓷瓶等组成。

（2）高压连接器的电气连接：支持瓷瓶将连接器的主体固定在车顶，并与车顶电气隔离。

理论链接 3：TLG1-400/25 型高压连接器的动作原理

在两节车需要连挂，作重联运行时，依靠两节车车钩挂接时的牵引力，使两个连接器慢慢靠近，在羊角的导向作用下，使各自的导电半圆环（静触头）准确地插入对方的叉形件（动触头）中，接通两节车一次侧高压电路。同时叉形件上的拉力弹簧紧紧地把半环扣住，由于两台连接器的相对位移由张力弹簧、复位弹簧来吸收调整，因而能保持叉形件与半圆环的接触压力恒定不变，从而能够保证较好的电气性能。

理论链接 4：TLG1-400/25 型高压连接器的电流路径

当两节车分离时，连接器依靠两节车分离时的牵引力可自动分离，并断开两节车的一次侧高压电路，弹簧复原。高压连接器接合状态下的电流路径：从一节车的高压回路到导电板，经软编织线到导电杆，然后通过头部内的软连线、半环、叉形件到另一台连接器的叉形件、半环、导电杆母线等，再到另一节车的车顶母线。

使用情况及常见故障分析及处理：

（1）保证在无电状态下进行连接或分离操作。在进行连接操作前，注意观察喇叭形头部是否清洁，头部盖板内的叉形件是否有弹回的情况；如已经弹回，则需用钩形工具将其拉开成开启状态，然后才能进行连接操作。

（2）经常观察绝缘子表面是否清洁干燥，有无裂纹或损伤，若有，则应及时清扫或更换。

（3）经常检查橡胶波纹管，如有破损则要及时更换，以免雨水、灰尘进入喇叭形头部和十字轴支承体内，造成零件锈蚀，影响动作性能。

（4）定期对各转动部分进行润滑处理，使之上、下、左、右按规定摆动并复位。

（5）每台高压连接器的结构完全相同，没有前后之分，可根据需要组合。

三、项目实施的路径与步骤

（一）项目路径

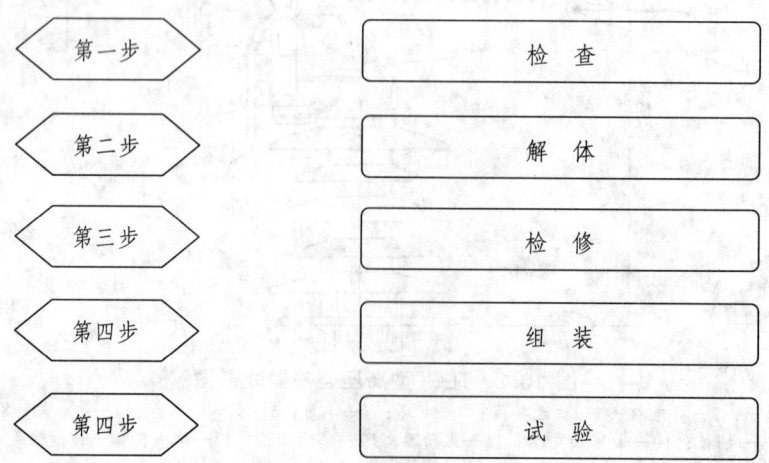

(二)项目步骤

 理论链接 1:TLG1-400/25 型高压连接器的基本技术参数

额定电压	25 kV
额定电流	400 A
接触电阻阻值(连接状态)	≤650 μΩ
导电杆中心线至车顶高	580 mm
导电杆上下摆动角	≥8°30′
导电杆左右摆动角	≥34°
导电杆最大回程	≥240 mm
导电最小回程($\alpha=34°$ 时)	≥210 mm

步骤一 检 查

(1)外观检查:观察喇叭形头部是否清洁,经常观察绝缘子表面是否清洁干燥,有无裂纹或损伤。

(2)检查橡胶波纹管是否有破损,喇叭形头部和十字轴支承体内零件是否锈蚀。

步骤二 解 体

(1)拆下盖板螺钉、导电杆与软连线的螺栓,取下盖板装配。

 理论链接 2:盖板装配

盖板装配主要由盖板、叉形件(动触头)、半圆环(静触头)和拉簧等组成,如图 10.2 所示。

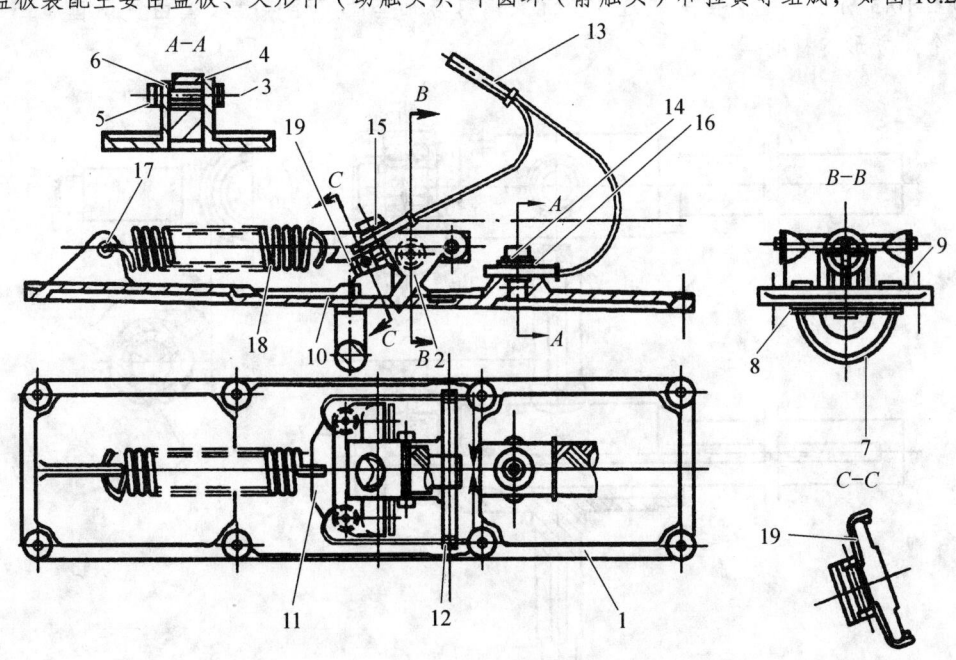

图 10.2 盖板装配

1—盖板;2—叉形件;3、12—销;5、9、14、15、20—螺栓;6、10、16—垫圈;7—半圆环;
8—双金属片;11—卡箍;13—双连线;17—套环;18—拉簧;19—罩

盖板为薄形铸铝合金板,在其上面装有叉形件(动触头)、半圆环(静触头)和拉簧。盖板紧固在一喇叭形头部上,喇叭形头部、双连线再与顶杆紧固连接成整体。上述3种部件是高压连接器中难度大而复杂的薄壁形铸铝合金组件。

高压连接器的叉形件(动触头)和半圆环(静触头)为铜质镀银材料,采用线接触方式,具有工作可靠、接触电阻小和散热较好的优点。连接动作时,两台高压连接器的叉形件插入彼此的半圆环中,同时由叉形件上的拉簧提供接触压力。

(2)拆下导电杆端头安装螺栓及其头部顶丝,松开两端波纹管的喉箍,取下羊角、喇叭形头部、波纹管和伸张弹簧。

理论链接3:机械传动装置——伸张弹簧

伸张弹簧安装在橡胶波纹管内。当连接器头部不受压缩力时,连接器处于最大伸张状态,为对接做好准备;对接时,两台连接器相互压缩,当压缩到一定量时,连接器头部的半环与叉形连接机构动作,相互扣紧,连接过程完成。当两台连接器之间的距离随机车变化时,两台连接器的伸张弹簧保证其头部的电气连接机构一直处于扣紧状态,导电半环与叉形件的接触压力保持不变,因而具有优良的导电性能。TLGl型高压连接器允许的运动距离是160 mm。

(3)拆下左右十字头支承座。

理论链接4:机械传动装置——十字头支承安装

十字轴支承体包括十字接头安装和十字轴支承装置。十字接头安装由十字接头和轴套组成,如图10.3所示。十字接头通过3个沉头螺钉与轴套固定连接。轴套由黄铜管加工而成,开有一个长方形键槽孔。

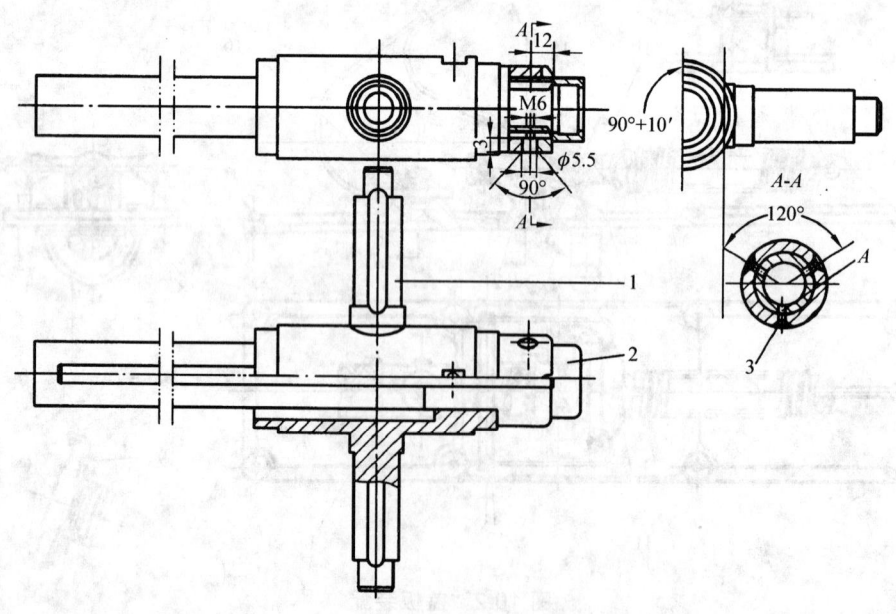

图10.3 十字接头安装
1—十字接头;2—轴套;3—沉头螺钉

理论链接 5：机械传动装置——十字轴支承装置

十字轴支承装置如图 10.4 所示。在单节机车运行时，单台连接器处于自由状态，其连接电杆伸出机车端墙，处于悬臂状。为了保证在此状态上运行的稳定性，设有十字轴支承装置和止动杆。十字轴支承装置用于使处于自由状态的单台连接器处于平衡状态，止动器用于保证伸张弹簧有一定的初始压力。止动器下部的止动杆与球面止挡形成一对自复位机构，当连接器头部作上下左右摆动时，自复位机构能使连接器回到中心位置，保持在车顶的稳定位置。

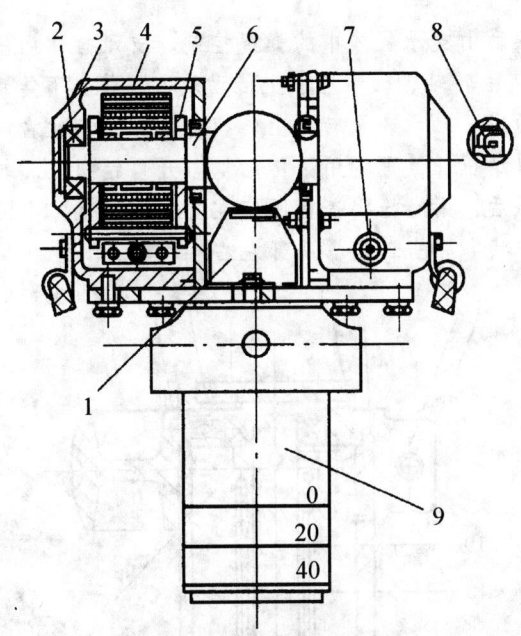

图 10.4　十字轴支承装置

1—板簧；2—轴承；3—左右十字支承座；4—蜗卷簧；5—止动板；6—十字头安装；
7—调整螺钉；8—密封圈；9—缸体

考虑到机车在弯道、坡道和轮缘磨耗等状态下对接和运行可靠性，要求高压连接器具有较宽的上下、左右导向和偏摆裕度。

 理论链接 6：机械传动装置——板簧、蜗卷簧

高压连接器头部的上下摆动控制由图 10.4 中的板簧及蜗卷簧来平衡。板簧用螺钉固定在转动板上，再将左右十字头支承座体用三个螺钉固定在转动板的内侧，起支承十字接头安装的作用。蜗卷簧由弹簧钢带绕制而成，套装在十字头支承座内。静止时，板簧及头部重力形成的力矩与蜗卷簧的力矩相等，从而使导电杆保持水平。当因外力的作用使头部上下摆动时，由蜗卷簧及板簧的作用使之回到静止平衡状态。由于蜗卷簧的张力可以由调整螺钉进行调整，因而可以很容易地使连接器在静止时让导电杆达到水平状态。此外，不同轮箍磨耗情况的机车对接时，可预先调整连接器的安装高度，使前后两台连接器基本处于同一水平面上，图 10.4 上十字轴支承装置的缸体上的刻度便是做高度调整用的。

步骤三 检 修

(1) 擦拭、检查瓷绝缘子。表面应光洁,安装牢固,不允许有裂纹。表面缺损面积大于 $3\ cm^2$ 时,需经 75 kV 耐压试验;缺损面积大于 $30\ cm^2$ 时,需更换。

(2) 清扫、检查羊角、喇叭形头部、左右十字头支承座、锁止器、连线及分流线,更新波纹管。

(3) 清洗检查各轴、套、杆及轴承,更换弹簧。

 理论链接 7:机械传动装置——支承缸体

连接器头部的左右摆动由支承缸体中的弹簧控制。支承缸体由缸体和转轴安装等组成,如图 10.5 所示。轴承安装由转轴、轴承座、上传动块、扭簧、下传动块和轴承等组成。转轴由轴与钢板焊接后加工而成,轴承套于转轴上。扭簧由弹簧钢丝右旋绕制,套于转轴上。扭簧上端用上传动块与开口销扭住,下端用下传动块与开口销扭住。转轴安装完毕后,装入缸体内,在转轴上装入轴承后,用螺栓将盖板固定在缸体上。缸体中的这对扭簧通过其定位螺钉的调整,使其处于对中状态。当连接器头部左右摆动时,可在扭簧的作用下自动回位。

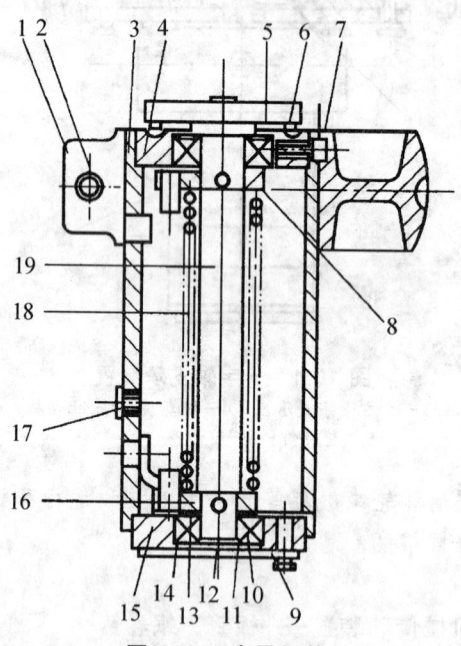

图 10.5 支承缸体

1—球面止挡;2、7、9—螺栓;4、15 密封圈;5—轴承安装;6—套环;8—上传动块;10—轴承;11—盖板;12—开口销;13—调整垫;14—垫圈;16—下传动块;17—定位销;18—扭簧;19—转轴

 理论链接 8:电气连接部分

电气连接部分既决定了喇叭形头部的摆动方向,又起导通电流的作用。它由喇叭形头部、导电杆、盖板装配等组成。

喇叭形头部的主体由轻质铸铝合金制成。在喇叭形头部上装有羊角、半环与叉形件。羊角在水平及垂直方向都具有较宽的导向范围,当两台高压连接器对接时,即使水平位置或垂直位置存在误差，也可以保证良好的自动导向对接性能。此特性保证机车在最小曲率半径 125 m 及前后两节车轮箍磨耗（单边）差 ≤30 mm 时，高压连接器能可靠地进行摘挂。

导电杆轴向穿过十字接头安装孔，再通过导电杆上的键槽与十字接头的轴套上的长方形键槽孔配合，组装成一个整体。这就有效地控制了高压连接器的退程范围，起到了导通电流、机械连接、滑动和限位的作用。

步骤四　组　装

（1）按解体相反顺序进行组装。

（2）各转动各和滑动配合面顶杆伸张弹簧组装前涂润滑脂。

（3）组装后要求各部件动作灵活，接触可靠良好，各紧固件应无松动。

（4）高压连接器应能在左右 34°和上下 8°30′范围内摆动，并能自行复原。

步骤五　试　验

（1）两台高压连接器对接后高度差 ≤30 mm，最大退程 240 mm。

（2）对接后导电杆两端之间的电阻值：≤650 μΩ。（采用直流电压-电流法，测量时通以直流 100 A）。

四、项目实施

1. 劳动组织形式

对学生进行分组：学生每 5~6 人组成一个工作小组，各小组制订出实施方案及工作计划，组长协助教师参与指导本组学生学习，检查项目实施进程和质量，制定改进措施，共同完成项目任务。

2. 工具材料准备

（1）作业工具：拔轴器，卡圈钳，弹簧解体专用工具，电器钳工常用工具，专用试验台，微欧表，毫欧表，钢尺，500 V 兆欧表，数字万用表，数字钳型表，修理冰箱、空调的常用工具。

（2）作业材料：汽油，棉丝等。

（3）使用设备：毛刷，电器钳工常用工具，卡尺，万用表，TZ 接触电阻检测仪，天车，试验设备。

3. 作业要求

（1）正确着装，穿戴好劳动保护用品。

（2）正确使用工、卡、量具。

（3）注意自身安全及他人安全，严禁违章作业。

4. 项目评价

按时间、质量、安全、文明、环保要求进行考核。学生按照表 10.1 进行项目考核评分，先自评，在自评的基础上，由本组的同学互评，最后由教师进行总结评分。

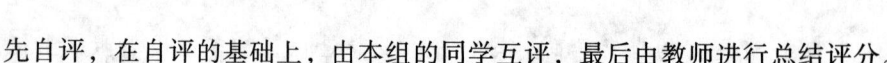

表 10.1　项目考核评价表

项目要求	考核标准	考核结果
（1）时间要求	（1）不超过规定时间	（1）有一项不符合要求不合格；
（2）质量要求	（2）检修、维护质量符合标准	（2）合格成绩为 60 分
（3）安全要求	（3）符合安全操作规程	
（4）文明要求	（4）做到文明"生产"	
（5）环保要求	（5）检修过程符合环保要求	
项目作业		40 分
成　绩		

注：如出现重大安全、文明、环保事故，则本项目（单元）考核记为不合格。

五、项目实施过程中可能出现的问题及对策

可能出现的问题：检修过程中，单节连接器喇叭形头部不能保持水平。
采取措施：由十字支承件上的调整螺钉进行调整，顺时针方向调高，逆时针方向调低。

六、项目作业

完成 TLG1-400/25 型高压连接器的检修与维护的学习任务单。

参考文献

[1] 刘友梅. 韶山 3 型 4000 系电力机车. 北京：中国铁道出版社，1996.
[2] 成都铁路局. 韶山 3 型 4000 系电力机车检修工艺.